四川师范大学影视与传媒学院播音与主持
国家级一流本科专业建设点建设

U0575282

全媒体时代

播音与主持艺术教育研究

韩幸霖 ● 著

光明日报出版社

图书在版编目（CIP）数据

全媒体时代播音与主持艺术教育研究 / 韩幸霖著.
北京：光明日报出版社，2025.5. -- ISBN 978-7-5194-8797-3

Ⅰ . G222.2

中国国家版本馆 CIP 数据核字第 2025CH6125 号

全媒体时代播音与主持艺术教育研究

QUANMEITI SHIDAI BOYIN YU ZHUCHI YISHU JIAOYU YANJIU

著　　者：韩幸霖

责任编辑：杨　娜　　　　　　责任校对：杨　茹　李学敏
封面设计：DARAY　　　　　　责任印制：曹　净

出版发行：光明日报出版社
地　　址：北京市西城区永安路 106 号，100050
电　　话：010-63169890（咨询），010-63131930（邮购）
传　　真：010-63131930
网　　址：http://book.gmw.cn
Email：gmrbcbs@gmw.cn
法律顾问：北京市兰台律师事务所龚柳方律师

印　　刷：三河市嘉科万达彩色印刷有限公司
装　　订：三河市嘉科万达彩色印刷有限公司
本书如有破损、缺页、装订错误，请与本社联系调换，电话：010-63131930

开　　本：170mm×240mm
字　　数：202 千字　　　　　印　　张：18.25
版　　次：2025 年 5 月第 1 版　印　　次：2025 年 5 月第 1 次印刷
书　　号：ISBN 978-7-5194-8797-3

定　　价：88.00 元

版权所有　　翻印必究

序

　　《全媒体时代播音与主持艺术教育研究》立足于当前全媒体环境下播音与主持艺术教育的深刻变革，系统地探讨了播音与主持人才培养的方向和方法。本书基于全媒体时代的媒介融合和技术进步，分析了传统广播电视主持人职业角色的转变，重点关注新媒体平台对主持人技能、表达方式和职业路径的影响。

　　本书剖析了传统广播电视主持人面临的职业规范与市场需求，指出随着数字技术和全媒体传播格局的变革，主持人已不仅仅是信息的传播者，而是内容创作者、品牌塑造者，甚至是跨平台运营者。尤其随着短视频、直播电商和社交媒体等新兴平台的崛起，主持人的职业发展路径变得更加开放和多元化。本书分析了主持人如何适应这一变化，强调跨平台传播能力、内容创作与数据分析能力的提升，以及个性化和品牌塑造的重要性。

　　在教育层面，本书深入探讨了如何通过创新的教育模式和课程体系，培养符合市场需求的现代主持人才。随着人工智能（AI）技术、数据分析和内容创作等新兴技能的不断涌现，本书提出，传统的播音与主持艺术教育体系需要进行全面调整，加入新的教学模块，如数据分析和内容生产等，以增强学生的跨平台竞争力。

本书的特色在于，它不仅关注主持人传统的语言表达能力和技术技能的提升，还重视主持人在全媒体环境中的审美能力和沟通技巧。全媒体时代的传播方式更加多样化、碎片化，主持人不仅要在内容创作和传播中发挥作用，还要通过精准有效的沟通来与受众建立深度连接。为了应对这一挑战，本书提出，主持人必须在审美能力、语言艺术和沟通技巧等方面得到充分的培养和提升，才能在复杂的媒体环境中脱颖而出。

本书为播音与主持艺术专业的学生、教师及从业者提供了深刻的理论支持和实践指导，同时为教育改革和人才培养提供了新思路和新视角，旨在推动播音与主持艺术教育向更高水平发展。

前　言

　　播音与主持艺术教育的内容不仅是综合性的，还涵盖了表演艺术、舞台艺术、语言艺术和综合艺术门类，更与口语传播紧密相关。高校美育的内容主要涵盖了三种形式的教育：形式教育、理想教育和艺术教育。而艺术可分为表演艺术、造型艺术和语言艺术等。①语言艺术教育同时也是审美教育中的重要组成部分，而本书关于播音与主持艺术教育的讨论就将建立在语言艺术教育之上。语言艺术通常仅指文学艺术，是通过语言为媒介来塑造形象、表达思想感情的艺术形式；本书讨论的播音与主持艺术属于口语语言艺术，同样也符合语言艺术的艺术表现形式。因此，在本书中，语言艺术特指口语语言艺术。播音员、主持人作为新闻传播的喉舌，如何将书面文字转化为口头语言并进行正确且优美的语言艺术表达，是播音与主持艺术教育人才培养的核心。这样一来，播音与主持艺术教育在美

---

①　王道俊，郭文安.教育学[M].北京：人民教育出版社，2016，310-335.

育这一大类中的从属关系就非常清晰了。

任何教育都具有社会功能，理所当然，在培养人才的同时要考虑社会的发展与变革，紧跟时代步伐。在全媒体时代，播音与主持艺术行业正经历深刻的变革，传统广播电视主持人的市场需求正被多元化、跨平台的传播格局重塑。主持人的职业角色已从单一的信息传播者，逐步转型为内容创造者、视觉艺术呈现者和个人品牌运营者。这种变革不仅影响主持人的职业发展路径，也深刻推动了播音与主持艺术教育体系的调整。本书着眼于全媒体时代媒体经济市场的变迁，系统分析了播音与主持艺术人才培养的方向，围绕不同职业类别，详细阐述了主持人在全媒体环境下的角色变化和综合能力培养，最终落脚于教育改革，以期建立更符合行业需求的现代主持人才培养体系。

在全媒体时代，主持人的传播渠道不再局限于单一媒体，而是跨越多个平台进行传播，如短视频平台（抖音、B站）、社交媒体（微博、微信）、直播电商（淘宝直播、抖音直播）、音频媒体（播客）等。显而易见，以广播电视为核心的传统教育模式，已经难以满足市场需求。面对传媒行业涌现的调整趋势，高校播音与主持艺术教育体系需要进行全方位改革，以培养符合市场需求的主持人才。本书将重点探讨全媒体时代播音与主持艺术教育的革新方向，包括跨平台传播能力的培养、内容创作与数据分析能力的提升、审美素养与品牌塑造能力的强化，以及职业规划与商业模式的拓展。传统主持人主要依赖电视台或电台，而当下主持人的职业路径更加开放，个人品牌的打造成为核心竞争力，未来的主持人不仅需要具备扎实的语言表达能力，还必须熟悉短视频制作、社交媒体运营、互动直播、数据分析等多种新兴技能。^① 在内容创作领域，主持人已不再只是信息的传递者，而是节目策划者、运营者，甚至是商业变现的推动者，数据分析能力已成为衡量主持人内容生产力的重要指标。例如，一些财经主持人结合用户数据调整信息传递方式，使内容更符合目标受众的需求。^② 因此，课程体系应包含数据分析、内容生产、算法推荐机制等新教学模块，以增强学生的行业适应性。

此外，人工智能（Artificial Intelligence，AI）合成主播的兴起，使主持行业面临新的挑战。尽管 AI 可以模仿新闻播报，但难以复刻人类的情感共鸣、个性化表达、视觉美学等核心能力。因此，未来的主持人需要提升视觉美学、语言美学、品牌塑造能力，以在市场竞争中保持优势。^③ 高校课程体系应加强声音美学、视觉叙事、品牌运营等方面的培养，使主持人具备更强的个性化竞争力。^④ 随着新媒体生态的成熟，主持人不再仅是信息传播的执行者，而是自媒体创业者、个人 IP 塑造者，甚至成为跨界发展的多栖型人才。例如，许

①　罗新河.解构、调整与升级：媒介融合语境下主持人角色研究[J].新闻与传播，2020（3）：45-49.

②　李泽华.以全新视角聚焦主持人的新未来：评《融媒体时代主持人的发展策略研究》[J].传媒观察，2022（7）：15-18.

③　周畅.互联网时代美育教育面临的机遇与挑战：评《审美教育"以美育德"的机理研究》[J].美育研究，2019.

④　TAO Y.Integrating Aesthetic Education in Quality Education: A Bibliometric Analysis of Sustainable Development Perspectives [J]. Sustainability，2024，16（855）.

多新闻类主持人选择转型为短视频评论员，综艺类主持人则在社交媒体上建立个人品牌，通过内容营销、直播电商等方式拓展商业模式。

本书立足于播音与主持艺术教育的变革，探讨如何在全媒体环境下培养复合型、跨平台、富有创造力的主持人才。随着行业的深度融合和技术的不断进步，未来的主持人不仅需要具备传统的播音主持能力，还要拥有高度的内容策划能力、跨文化传播能力、数据分析能力和审美修养。本书希望通过系统性的研究和案例分析，为新时代主持人的培养提供全新的理论支持和实践指导，以推动播音与主持艺术教育迈向更高水平的发展。

目　录

绪　论

一、研究意义

随着信息技术的飞速发展和全媒体时代的到来，传统的广播电视媒体正在经历前所未有的变革。新媒体技术的崛起，尤其是短视频、直播电商、社交媒体等平台的兴起，极大地改变了传媒行业的传播模式和主持人的职业发展路径。在这一背景下，播音与主持艺术教育面临着新的挑战和机遇，如何培养符合全媒体时代需求的主持人才，成为学术界和教育界亟待解决的核心问题。

本书的研究意义：首先，全面剖析了全媒体环境下播音与主持艺术教育的现状及发展趋势，探索了如何在媒介融合、技术进步以及观众行为变化的背景下调整教育内容和培养模式；其次，本书探讨了全媒体时代对主持人职业角色塑造、技能提升及审美进阶的要求，强调主持人在新时代背景下跨平台传播能力、创意能力及品牌塑造能力的重要性，提出了教育体制和课程体系的创新方向，为高等院校的播音与主持艺术教育改革提供了切实可行的参考；最后，本书采用理论与实践相结合的方法，通过大量实际案例，深入剖析了如何借助跨学科的知识与技能培养，助力未来的主持人更好地适应全媒体环境，提升综合竞争力。

二、研究动态

随着全媒体时代的到来，国内外学者对播音与主持艺术教育的研究日益增多，并涌现出一些新兴的研究视角。国内学者普遍关注在媒介融合背景下，如何优化播音与主持艺术的培养模式。学者们强调主持人的跨平台适应能力和新兴技能的培养，如短视频制作、数据分析、社交媒体运营等。例如，李菲提出，在全媒体环境中，传统的教育体系已难以满足市场需求，必须注重跨平台传播能力的培养，尤其是如何在短视频和直播等新兴平台中发挥主持人的影响力。[①] 此外，赵磊和孙媛研究了主持人在全媒体时代的角色转型，认为主持人不仅需要具备语言表达能力，还要不断提升创意能力、个性化表达能力以及品牌管理能力，以适应数字化和碎片化的信息传播趋势。[②]

在国内研究中，高祥荣提出，在课程论的视域下，播音主持专业教育面临的挑战不仅来自传统教育体系的局限，还需应对媒介技

---

① 李菲. 全媒体时代广播主持人的身份转换 [J]. 传媒发展，2022（1）：54–57.

② 赵磊，孙媛. 服务产业链为导向的应用型影视人才培养创新 [J]. 影视艺术与教育，2023（9）：58–65.

术和受众需求的急速变化。因此，课程体系需要进行结构性调整，注重培养学生的创新能力和跨平台的传播能力。王文艳在其研究中强调，播音主持人才的培养不仅要关注传统技能的传授，还应注重对跨媒介传播、社交媒体运营等新兴能力的培养，为主持人职业角色的转型提供教育支持。

在国际上，关于主持人能力培养的研究同样取得了一定进展。国外学者更加注重主持人跨平台的全方位能力，特别是在 AI 技术、虚拟现实（Virtual Reality，VR）和增强现实（Augmented Reality，AR）等前沿技术的影响下，主持人如何适应智能化与虚拟化的传播形式的能力。学者们认为，主持人的角色将不再局限于传统的新闻播报和综艺主持，而是向多领域、多角色方向发展，成为兼具内容创作者、品牌运营者、社交媒体达人等多重身份的复合型人才。[1][2]

尽管学术界已展开了关于主持职业角色变化和播音主持艺术教育挑战的诸多研究，但仍然缺乏一部系统性、综合性，且结合传媒市场经济的著作，对于如何在实践中落实教育改革、培养符合全媒体需求的主持人这一核心问题，尚未提供足够的数据支持与可靠的操作指南。

---

[1]　ROBERTSON T.The Impact of Digital Economy on Broadcasting Industry [J]. Broadcasting & Digital Media Review，2022，19（4）：112-118.

[2]　ANDERSON R.Big Data and Consumer Behavior in Media Industry [J]. Journal of Digital Consumer Research，2023，6（1）：29-35.

三、研究对象与目的

本书的研究对象聚焦于全媒体时代背景下播音与主持艺术教育体系的全面转型与创新，涵盖主持人职业角色的演变、技能要求的更新、教育模式的变革、课程体系的优化及其在行业中的实践应用。具体而言，研究对象包括以下几方面：一是全媒体时代对主持人职业角色定位、功能及社会影响力的重塑；二是基于媒介融合、技术革新及受众需求变化，探讨播音与主持艺术教育的教学内容、方法与评价体系的适应性调整；三是全媒体环境下主持人才所需的核心素养，特别是跨平台传播能力、多媒体整合能力及创新思维能力的培养路径；四是教育体系如何通过创新教学模式、优化课程设置及强化实践环节等改革，以适应新兴媒体环境对人才培养的新要求。

本书的研究目的在于系统剖析全媒体时代给播音与主持艺术教育带来的机遇与挑战，探索如何建构符合行业发展趋势的复合型、跨平台主持人的培养体系，并提出具有可操作性的教育改革方案与课程设计策略。通过理论与实践相结合的研究方法，本书旨在推动播音与主持艺术教育在教学内容、教学模式及评价机制等方面的创新，为培养适应全媒体环境的高素质主持人才提供理论支持与实践指导，助力教育体系与行业需求的深度融合。

四、研究方法

本书采用文献分析法、归纳法以及理论与实践相结合的方法，以期全面、系统地探讨全媒体时代播音与主持艺术教育的理论和实践问题。

文献分析法。通过对近年来国内外学术研究的系统分析，了解播音与主持艺术教育在全媒体时代的最新动态与发展趋势。文献分析法帮助本书全面梳理和总结了学术界在该领域的重要观点，探讨了全媒体时代主持人角色转型、跨平台传播能力的培养、新兴技术对主持人职业发展的影响等方面的研究成果，为本书的研究框架提供了坚实的理论依据。

归纳法。本书通过大量的案例分析，结合实际行业发展情况，采用归纳法从个别案例出发，总结出全媒体时代播音与主持艺术教育的普遍规律与方法。归纳法帮助我们从具体实践中提炼出关于主持人才培养的核心技能、教育模式创新以及课程体系优化等方面的重要启示。

理论与实践相结合的方法。本书不仅注重理论的深入探讨，还结合了当前教育实践的最新案例，特别是高等院校播音与主持艺术专业的课程设置、教学方法、实践环节等方面的改革创新案例。通过这种方法，本书为读者呈现了一个理论指导与实践操作相结合的完整框架，从而进一步推动全媒体时代播音与主持艺术教育的发展。

第一章 全媒体时代播音与主持艺术教育

第一节 播音与主持艺术教育概述

播音与主持艺术教育是一个涵盖语言艺术、表演艺术、舞台艺术等多个领域的综合性教育学科，不仅要求学生掌握语言表达技巧，还涉及声音美学、肢体语言、镜头感塑造等多维度能力的培养。与传统的语言艺术不同，播音与主持艺术更加强调口语传播的即时性和互动性，不仅承载着信息传递的功能，还蕴含着丰富的审美价值与文化表达。因此，在传媒行业日新月异的背景下，播音与主持艺术教育的培养模式必须与时俱进，既立足于传统的语言表达训练，又要融入现代传播手段和媒介生态的变化，以培养符合全媒体时代需求的复合型人才。

在中国，播音员与主持人的职业属性决定了他们不仅是信息的传递者，更是社会舆论的引导者。作为新闻传播的喉舌，新闻播音员的主要职责是准确、规范、富有感染力地将书面文字转化为口头表达，确保信息传播的权威性和可信度。因此，播音与主持艺术教育的核心任务之一，是培养学生将抽象的书面信息具象化、情感化，使其能够适应不同传播环境中的语言艺术表达。"言之有物，言之有理"是播音与主持艺术的核心理念，即语言不仅要有内容，还需要逻辑清晰、表达得体。

语言艺术是人类表达思想、传递情感的重要手段，它既包括文学艺术中的书面表达，也涵盖口语传播中的即兴表达。狭义的语言艺术通常指通过文字塑造形象、表达情感的文学艺术，而广义的语言艺术则涵盖戏剧、朗诵、演讲、播音、主持等口语艺术形式。本书所讨论的播音与主持艺术属于广义的口语语言艺术，即强调如何通过声音的韵律、节奏、情感、语气等要素，使语言具备感染力和审美价值。

在播音实践中，口语语言艺术通常被分为有稿播音和无稿播音。[①] 有稿播音指的是新闻播报、政策宣读、专题节目主持等，以书面文稿为基础进行口语化再创作；无稿播音则包括现场采访、综艺主持、脱口秀等，更考验主持人的临场反应能力和语言组织能力。这两种播音形式都要求主持人不仅能够清晰、准确地传递信息，还要具备较高的逻辑思维能力、表达层次感和情感控制力，使信息表达更具

---

① 张颂.中国播音学 [M].北京：中国传媒大学出版社，2003：31-32.

亲和力和传播力。

一、播音与主持艺术教育在美育体系中的定位

高校美育通常包括形式教育、理想教育和艺术教育。[①] 其中，艺术教育是美育的重要组成部分，而艺术又可细分为表演艺术、造型艺术和语言艺术等。播音与主持艺术教育作为语言艺术的一部分，在美育体系中具有清晰的从属关系。它不仅是一种技能训练，更是一种审美教育，要求学生在语言表达中展现节奏美、音韵美、情感美和思想美，从而提升传播内容的吸引力和感染力。

在此基础上，播音与主持艺术教育的核心目标是培养具备语言美感、文化素养、表达能力的高素质人才，使其能够在新闻传播、综艺娱乐、文化交流等多元场景下，发挥语言艺术的独特魅力。同时，随着融媒体、全媒体传播趋势的加速发展，播音与主持艺术教育的课程设置也需不断调整，以适应新的媒介生态。例如，短视频、直播、VR/AR 等技术的兴起，促使主持人需要具备更强的镜头感、互动能力、跨平台传播技巧，这些都对语言艺术教育提出了更高的要求。

二、全媒体环境下播音与主持艺术教育的转型

随着数字化传播的兴起，主持行业的角色和传播模式正在发生深刻变革。过去，播音与主持主要依赖广播、电视等单一渠道，而如今，

---

① 王道俊，郭文安 . 教育学 [M]. 北京：人民教育出版社，2016：310-335.

主持人需要在电视、短视频、社交媒体、音频播客、直播等多个平台上进行内容创作和传播。这一变化不仅要求主持人具备扎实的语言表达能力，还需要其掌握多媒介适应能力、数据分析能力和个性化品牌塑造能力，以在激烈的传媒市场竞争中脱颖而出。

因此，在现代播音与主持艺术教育中，除了传统的语言表达训练，高校还需要加强新媒体传播、内容创意策划、数字技术应用、审美教育等综合能力的培养。例如，在短视频时代，信息传播的节奏大大加快，主持人需要学会如何在30秒至3分钟内精准表达核心信息，并通过音韵美、画面感、互动性等手段增强其传播内容的吸引力。而在直播环境下，主持人则需要具备高情境适应能力、即时互动能力和观众引导能力，以提高内容的传播效率。

三、播音与主持艺术教育的未来发展方向

未来的播音与主持艺术教育，在语言艺术的基础上，将进一步拓展至新媒体传播、人工智能语音应用、跨文化传播等领域。例如，AI语音合成技术的快速发展，使"AI主播"在部分新闻播报领域逐步取代传统主持人，这对播音与主持艺术专业的人才培养提出了新的挑战。面对这一变革，教育体系应强调主持人的个性化表达能力、深度内容创作能力和高情感共鸣能力，以确保其竞争优势。

此外，跨文化传播能力的培养也将成为播音与主持艺术教育的重要方向。因全球化进程加速，国际传播需求日益增加，主持人也需要具备多语种表达能力、国际新闻素养和跨文化交流能力，这样

才能在国际新闻报道、跨境电商直播、全球性会议主持等场景中展现更强的职业竞争力。

播音与主持艺术教育作为语言艺术的重要分支，具有深厚的美育价值和文化传播作用。它不仅强调语言表达的准确性、流畅性和逻辑性，更要求主持人在表达中融入情感美、语音美、思想美，实现语言的艺术化呈现。在全媒体时代，高校播音与主持艺术教育需要不断调整人才培养方向，结合新媒体传播技术、数字化表达手段、个性化品牌塑造等多维能力，确保主持人能够适应多元化的传媒生态。本书将围绕这一核心问题，深入探讨播音与主持艺术教育的变革趋势、市场需求变化、职业发展路径及教育体系的优化策略，以期为该领域的教学实践和学术研究提供前瞻性参考。

第二节 播音与主持艺术教育的任务及内容

全媒体时代的播音与主持艺术教育，已不仅仅是传统意义上的语言表达训练，而是一个涵盖审美能力塑造、媒介素养培养、内容创作思维发展等多维度的教育体系。在媒介融合与数字技术革新的推动下，主持人不仅要具备精准的表达能力，还要能够适应不同传播环境的语言特点，理解信息传播的美学规律，并在实际运用中创造具有审美价值的内容。因此，播音与主持艺术教育的核心任务，在于培养兼具艺术素养、创新思维与技术适应能力的新时代播音与主持人才，使其能够在全媒体环境中实现信息的高效传递，同时具备高度的审美判断力和创造力。

播音与主持艺术教育的重要任务之一，是提高学生的审美能力，培养他们对语言、声音、画面、结构乃至媒介表达形式的整体美感。不同于传统的语言训练，现代传媒环境要求主持人不仅能清晰、规范地传递信息，更要在表达中注入艺术感与个性化风格，使语言富有节奏感、层次感，增强受众的沉浸式体验。比如，短视频新闻解读需要节奏紧凑、语言直击核心，而纪录片旁白则强调情感的细腻流露、画面与声音的协调性。在这个过程中，审美能力不仅影响主持人的表达方式，也决定了内容的传播效果与用户的接受度。

培养学生健康的审美情趣和对美的感知能力，是播音与主持艺术教育的核心目标。媒体传播不仅是信息的传递，更是情感与价值观的塑造，主持人作为连接信息与受众的桥梁，其语言表达、形象塑造、内容策划无不带有审美取向。审美情趣的培养不仅体现在语言风格的塑造上，还涉及画面构图、色彩搭配、情绪渲染等多方面的审美意识。例如，新闻类节目需要保持庄重典雅的美感，而娱乐访谈类节目则鼓励主持人在表达方式、服饰搭配、舞台互动等方面展现更富感染力的个性化风格。对高校教育而言，应通过系统的美育课程、跨学科艺术训练，引导学生建立正确的审美观，在信息传播中追求健康、高尚的美学表达，而非迎合低俗、肤浅的审美偏向。

在全媒体时代，主持人不仅是信息的传递者，更是内容的创造者。因而，教育任务一个重要方面，是培养学生发现美、创造美的能力。

全媒体环境下，信息的表现方式日益多元化，主持人需要具备更强的创意策划能力，才能在众多媒介形式中找到最具传播力的表达方式。例如，短视频主持需要懂得如何在有限的时长内抓住受众的注意力，通过镜头调度、语言节奏、场景设计等手段增强内容的表现力；直播主持则需要能够迅速与观众建立情感连接，营造强烈的沉浸感，使信息在互动交流中展现出更强的影响力。这些能力的培养，不仅依赖传统的语言训练，还需要结合影像艺术、数字媒体、心理学等跨学科知识，使学生在学习过程中逐步形成发现美、分析美、创造美的能力。

与此同时，随着人工智能、5G、VR/AR 等技术的发展，媒介环境正在发生深刻变革，这对主持人的综合素质提出了更高要求。播音与主持艺术教育的任务，不再局限于语言技巧的培养，而是要赋予学生在多媒体、多平台、多场景中自由切换表达方式的能力，并使其能在这一过程中保持高水准的美学判断。因此，未来的主持人需要在掌握传统语言艺术的基础上，进一步发展视觉叙事能力、数据化表达能力、跨文化传播能力，以适应不断变化的传媒格局。这不仅是教育内容的调整，更是人才培养理念的深刻转型，以确保主持人在全媒体时代的竞争中，始终具备不可替代的创造力和艺术表现力。

第三节　播音与主持艺术教育的施行

播音与主持艺术教育的施行，是一个涵盖教学理念、课程设计、实践训练、评价体系等多个层面的综合性过程。面对全媒体时代的变革，这一教育体系必须兼顾传统媒介的语言表达规范，同时顺应新兴传播模式的发展趋势，确保学生不仅能在不同媒介环境中自如切换表达方式，还能在内容策划、视觉美学、互动传播等方面展现更强的适应力。因此，播音与主持艺术教育的施行，不仅涉及教育过程的组织，还必须遵循科学合理的教育原则，并需要通过多元化的教学途径和方法，使学生在实践中建立完整的职业素养体系。

播音与主持艺术教育的教学过程，是一个从基础认知到实践应用再到创新突破的渐进式培养体系。起初，基础阶段侧重于语言技能、语音美学、表达逻辑等方面的训练，使学生掌握清晰、流畅且富有感染力的语言表达能力。在这一阶段，课程主要围绕普通话语音、播音发声、语言节奏控制、新闻播报技巧等内容展开，帮助学生建立扎实的表达基础。进入中级阶段，教学内容逐步拓展至不同媒介场景的表达方式，如电视新闻播报、广播主持、短视频解说、直播互动主持等，以适应不同媒介环境的传播需求。在高级阶段，教育的重点转向个性化表达风格的塑造、跨平台传播的适应能力培养，以及内容策划与创意表达的深化，使学生能够独立完成从选题策划到节目呈现的全过程。

在这一教育施行的过程中，科学的教育原则起着重要的指导作用。首先，实践导向原则要求教学内容紧密结合行业需求，使学生能够在真实的传播环境中锻炼语言表达与节目主持能力。其次，个性化培养原则强调每位学生的表达风格塑造，避免传统教学中过度追求标准化表达，而忽略了个体差异的问题。在全媒体时代，受众更倾向于具有鲜明个性和情感共鸣的主持风格，因此教育体系需要鼓励学生在遵循专业规范的同时，探索独特的表达方式。最后，互动性原则也是播音与主持艺术教育的重要特征，尤其是在新媒体环境下，主持人与受众之间的互动成为传播的重要部分，因此教学过程必须重视培养学生的临场应变能力和社交媒体沟通能力，使其能够在即时互动的环境中进行有效表达。

为实现这些教育目标，多元化的教学途径和方法成为关键。课堂教学仍然是播音与主持艺术教育的重要环节，通过语言基础训练、理论讲授、案例分析等方式，使学生掌握语言表达的基本规律。然而，单纯的课堂教学已无法满足全媒体环境下的行业需求，因此实践教学的比重不断增加。实验室通过模拟主持、直播实训、短视频制作、沉浸式新闻播报等方式，能够让学生在真实或半真实的传播环境中积累经验。此外，跨学科融合教学逐渐成为趋势，例如，将数字媒体技术、人工智能、数据分析、视觉艺术等内容融入课程体系，使学生具备多维度的内容生产能力。导师制与行业合作也是重要的教学方式，通过邀请行业专家进行实践指导，或安排学生进入媒体机构、新媒体公司进行实习，使其在实际操作中提升专业技能。

除了传统的教学方法，新兴技术在播音与主持艺术教育中的应用也日益广泛。例如，虚拟现实技术可以用于主持情境模拟训练，使学生在虚拟演播厅中体验不同类型的节目主持。人工智能语音分析技术可以帮助学生优化语音表达，提高发音的准确性和语调的自然度。大数据分析则可以应用于新媒体内容策划，让学生通过数据反馈了解受众偏好，并调整表达策略，以增强传播效果。

在全媒体时代，播音与主持艺术教育的实施不仅关乎语言表达能力的培养，更涉及多平台传播能力、个性化品牌塑造、内容创意策划等多方面的综合训练。教育体系需要通过科学合理的教学过程，遵循实践导向、个性化培养和互动性等原则，并结合多元化的教学途径与方法，使学生能够在多变的传媒环境中灵活适应、创新发展。只有这样，才能确保新时代的播音与主持人才具有足够的竞争力，在全媒体生态中占据重要的传播位置。

第二章　全媒体时代播音与主持人才的需求演变

第一节　传媒市场变革推动主持行业转型

一、数字经济环境下传媒行业的整体变化趋势

数字经济的兴起极大地改变了传媒行业的运行模式和生态格局。传统的广播电视媒体正逐步被互联网平台重塑，信息生产和传播方式发生了深刻变革，主持行业也随之经历了角色转型和内容生产模式的革新。[①] 在这一过程中，媒介融合、新媒体技术、用户行为模式

---

① 李泽华. 以全新视角聚焦主持人的新未来：评《融媒体时代主持人的发展策略研究》[J]. 传媒观察，2022（7）：15-18.

的变化成为推动主持行业转型的关键因素。①

（一）媒介融合加速传统主持行业的变革

在数字经济的推动下，媒介融合已成为传媒行业发展的核心趋势，传统主持行业因此发生了深刻变革。随着新旧媒体的界限逐渐模糊，主持人不再局限于电视、电台等单一平台，而是需要适应多平台传播模式，将自身业务拓展至短视频、直播、社交媒体等多种传播渠道，以满足受众多元化的信息消费需求。② 这一转变不仅对主持人的职业技能提出了更高要求，也重塑了主持行业的运作模式和人才培养方向。

媒介融合的影响首先体现在传播方式的多元化。主持人已不仅仅是单向信息的传递者，而是在电视、短视频、直播等平台之间游走，形成跨媒介的传播生态。例如，央视新闻主播朱广权不仅在电视端播报新闻，还积极参与短视频平台的内容创作，以幽默风趣的方式与受众互动，使其个人形象更具亲和力，成功打破了传统主持人与观众之间的距离感。③ 这种跨平台传播模式，使主持人的影响力不再局限于某个特定渠道，而是能够借助不同媒介形态触达更广泛的受众群体。

与此同时，内容生产方式也经历了巨大变革。过去的主持风格

① 郑玄.原生 IP 视角下传统主流媒体的内容创新研究：以央视频《央 young 之夏》为例 [J].传媒评论，2021（8）：29–32.

② 罗新河.解构、调整与升级：媒介融合语境下主持人角色研究 [J].新闻与传播，2020（3）：45–49.

③ 李佳佳.新媒体环境下电视节目主持人的应对策略 [J].新闻前沿，2019（6）：81–84.

多以官方报道和严格预设的稿件为主，而如今，主持人需要根据受众需求调整内容表达，使传播更具互动性和即时性。例如，《新闻联播》原本以严肃、正式的播报方式为主，但近年来已逐步融入更加生动、富有亲和力的表达方式，以吸引年轻受众，并增强传播效果。[①]在综艺、访谈等娱乐节目中，主持人则需要展现更强的个性化风格，使节目更加贴近观众的生活和情感需求。此外，在短视频和直播领域，主持人不仅需要具备专业的语言表达能力，还要能够精准洞察受众心理，运用富有感染力的叙事方式提升内容吸引力。

此外，数字技术的发展也对主持人的职业能力提出了更高要求。传统主持人通常依赖预设稿件进行播报，而在新媒体环境下，即兴表达、数据分析、内容策划已成为主持人不可或缺的核心能力。例如，在直播电商领域，主持人需要快速响应市场动态，结合大数据分析调整带货话术和表达方式，最大化地提升转化率。这一趋势使主持人不再单纯依靠个人魅力和表达能力，而是需要具备商业敏感度和内容运营思维，以在竞争激烈的市场环境中占据优势。

总体来看，媒介融合的加速发展推动了主持行业从传统的单一模式向跨平台、多元化的方向演变。主持人的角色不再局限于信息传播，而成为内容创作者、品牌运营者，甚至商业模式的创新者。面对这一行业变革，高校播音与主持艺术教育体系需要积极调整人才培养方向，强化学生的多平台传播能力、内容策划能力和市场适

---

① 王文艳.论人工智能时代职业主持人的传播优势[J].传媒前沿，2020（6）：71–74.

应能力，以培养适应全媒体时代的复合型主持人才，使其能够在未来传媒生态中占据更加稳固的职业地位。

（二）受众行为模式的变化

数字经济的发展深刻改变了观众的内容消费模式，传统的固定时间收看电视节目的习惯已被移动端、社交媒体以及个性化推荐机制取代，传媒环境进入更加灵活、多元且互动性更强的时代。[①] 在碎片化信息消费趋势下，观众更倾向于短时间、高密度的信息获取，而不再满足于长篇幅、线性结构的节目内容。短视频新闻、社交媒体热点解读等形式受到年轻受众的青睐，而传统新闻节目的收视率逐渐下滑。这种变化直接影响到主持行业的发展方向，要求主持人在表达上更加精练，在内容上更具吸引力和即时性。[②]

与此同时，观众与主持人的互动模式也发生了根本性变化。过去，主持人与受众的交流多为单向传输，而如今，观众可以通过社交平台、直播评论、弹幕等方式直接参与内容讨论，形成强互动的传播生态。例如，《央视新闻》的短视频栏目积极运用社交媒体，与观众进行即时互动，主持人会在节目中回应留言，并结合观众反馈调整传播策略，使新闻内容更贴近受众需求。[③] 这种双向互动模式不仅增强了

① 林小榆. 融媒时代华语传播新趋势与记者型主持人的发展：2013 首届华语主持传播高峰论坛暨融媒时代记者型主持人发展研讨会综述 [C]. 北京：中国传媒大学，2013.

② 王丽. 电视主持人转型路径探索与思考：基于对湖北广播电视台《喜子来了》栏目的调查 [J]. 传媒经济，2018（8）：56-59.

③ 李琳. 试论电视购物节目主持人的角色定位与职业前景 [J]. 广播电视研究，2017（3）：63-66.

观众的参与感，也促使主持人不断调整自己的表达方式，以适应更加多元的传播环境。

此外，个性化推荐机制的崛起也使受众的信息获取更加精准。短视频平台利用大数据算法，根据用户的兴趣、行为习惯推送内容，使每个观众接收到的节目内容都更加符合个人偏好。这一变化要求主持人在进行内容制作时，不仅要具备出色的表达能力，还需理解内容算法，提高节目吸引力，以增加用户留存率和延长观看时长。[①]主持人不再只是信息的传递者，而需要具备用户思维，善于通过内容策划和视觉表达增强传播效果，以适应不断变化的媒体环境。面对这些趋势，高校播音与主持艺术教育必须调整培养模式，强化学生的短视频制作、社交媒体运营、互动表达等能力，以培养符合数字传播时代需求的新型主持人才。

（三）直播经济与短视频产业的崛起

直播和短视频产业的兴起，深刻改变了传媒行业的商业模式和主持人的职业发展路径，推动主持行业向更加多元化、互动性更强的方向发展。面对数字经济的迅猛发展，越来越多的传统主持人纷纷转型，进入直播电商、知识分享、网络综艺等新兴领域，以适应新媒体环境的市场需求，并拓展自身的职业生涯。[②]

直播电商的崛起，使主持人的表达能力、产品讲解技巧、用户

---

① 李佳佳. 新媒体环境下电视节目主持人的应对策略 [J]. 新闻前沿，2019（6）：81-84.

② 郑玄. 原生 IP 视角下传统主流媒体的内容创新研究：以央视频《央 young 之夏》为例 [J]. 传媒评论，2021（8）：29-32.

互动能力成为新的核心竞争力。以李佳琦等顶级主播为代表，直播电商已成为重要的消费渠道，相较于传统电视购物，直播带货更强调即时互动和强情感共鸣，用户可以在直播间实时获取产品信息，并直接下单购买，极大缩短了消费决策链条。例如，许多电视购物主持人开始转型，运用更具个性化、场景化的表达方式，在直播电商领域重塑自身的市场价值。①

与此同时，短视频平台的迅速崛起为主持人提供了全新的发展空间。许多传统主持人纷纷利用抖音、B站等平台进行内容创作，突破了传统媒体的时间与空间限制。例如，央视主持人撒贝宁在抖音推出系列短视频，以轻松幽默的方式普及法律知识，不仅增强了知识传播的趣味性，也成功吸引了大量年轻观众，展现了主持人在新媒体时代的适应能力。②短视频平台的碎片化传播特性，使主持人在内容创作上更加灵活，能够精准把握用户兴趣，通过简洁、高效的表达方式增强信息传播效果，并在短时间内建立观众认同感。

此外，网络综艺和娱乐直播的兴起，也为主持行业带来了更大的自由度和创造力。与传统电视综艺相比，新兴网络综艺采用更加灵活的制作模式，使主持人在节目中的表现更具个性化、互动性。如《吐槽大会》《奇葩说》等综艺脱口秀节目已经摒弃了传统的刻板主持模式，赋予主持人更大的表达空间，使他们能够在轻松、诙

① 朱晓彧.传统媒体主持人的短视频生产实践：以多模态话语框架分析为路径 [J]. 现代传播，2022（4）：31-35.

② 王文艳.论人工智能时代职业主持人的传播优势 [J]. 传媒前沿，2020（6）：71-74.

谐的氛围中引导话题，展现个人特色。^①这种个性化的表达方式，使主持人更容易形成个人 IP，增强自身的市场竞争力，并进一步拓宽职业发展路径。

面对这一行业变革，高校播音与主持艺术教育需要顺应趋势，调整人才培养体系，使未来的主持人具备更强的媒介适应能力、互动表达能力以及内容创作能力。直播和短视频产业的兴盛不仅为主持人提供了更多发展机遇，同时也提出了更高的能力要求，主持人必须不断学习新技术、新传播模式，在多平台环境下提升自身的专业素养，以确保在全媒体时代的竞争中保持优势。

（四）技术赋能与主持人能力重构

数字经济的快速发展推动了技术在主持行业的深度赋能，人工智能、VR/AR、5G 等新兴技术的应用，使主持行业的内容生产模式发生了根本性变革。^②AI 合成主播的兴起正在改变传统主持行业的格局，新华社推出的 AI 主播可实现 24 小时不间断播报新闻，在语音、面部表情等方面高度仿真，极大提升了新闻播报的效率。^③然而，标准化的 AI 合成主持缺乏人类独有的情感共鸣和即兴表达能力，这使真人主持人必须提升自身的个性化表达、临场应变以及情绪感染

---

① 王丽. 电视主持人转型路径探索与思考：基于对湖北广播电视台《喜子来了》栏目的调查 [J]. 传媒经济，2018（8）：56–59.

② 李郁. AI 时代 CDIO 教育模式应用于播音主持人才培养的效果与改进策略 [J]. 教育研究，2023（2）：81–85.

③ 李泽华. 以全新视角聚焦主持人的新未来：评《融媒体时代主持人的发展策略研究》[J]. 传媒观察，2022（7）：15–18.

力，来区别于人工智能的机械化播报，以强化自身在全媒体时代的竞争力。

与此同时，VR/AR 技术的广泛应用为主持行业带来了沉浸式传播的新机遇，尤其在新闻报道、大型赛事、综艺娱乐等节目中，增强现实技术不仅增强了视觉呈现效果，还增强了观众的代入感。在国际体育赛事报道中，主持人可借助增强现实技术进行动态数据分析，使观众更直观地理解比赛走势。[①]此外，虚拟主播与 AI 驱动的虚拟演播厅逐步投入应用，一些利用虚拟现实技术打造的全新的沉浸式访谈、虚拟综艺等节目形式，使主持人需要具备更强的科技适应能力和跨平台表达能力，以在虚拟与现实的融合环境中保持竞争力。

5G 技术的成熟为高清、低延迟的互动直播提供了技术保障，使主持人可以在多元场景下进行更具沉浸感的传播。不仅如此，5G 直播技术的应用使得户外直播、新闻现场连线更加流畅，高质量的画面与实时互动提升了观众的观看体验。[②]直播经济的发展进一步推动了主持行业的商业化路径，越来越多的主持人依托 5G 技术，在电商直播、知识付费、文化传播等领域拓展自身的职业空间，打破传统媒体对主持人的职业束缚。

在数字经济的驱动下，传媒行业正经历深刻的变革，主持人不

① 王文艳.论人工智能时代职业主持人的传播优势 [J].传媒前沿，2020（6）：71-74.

② 郑玄.原生 IP 视角下传统主流媒体的内容创新研究：以央视频《央 young 之夏》为例 [J].传媒评论，2021（8）：29-32.

再局限于单一的平台，而是向多场景、多类型的传播模式发展。随着媒介融合加速、受众行为模式变化、直播经济兴起以及技术赋能不断深入，主持行业的竞争越发激烈，传统培养模式已无法满足市场需求。未来，主持人需要不断提升个人品牌价值，增强跨平台适应能力，并积极探索数字化传播的新模式，以在全媒体时代的复杂市场环境中保持竞争力。高校播音与主持艺术教育体系也必须紧随行业发展，调整课程设置，以培养真正适应未来媒体生态的专业人才。

二、互联网视频平台对主持行业的影响

在互联网视频平台的迅猛发展下，信息传播方式和观众的内容消费习惯发生了深刻变化，传统主持行业受到前所未有的冲击和挑战。以小红书、B站、抖音等平台为代表的新媒体生态，使信息传播变得更加个性化、去中心化，并且用户互动性大大增强。这些平台不仅改变了主持人的职业发展路径，还促使主持行业的内容生产方式发生转变，使主持人的表达风格、影响力构建、商业变现模式都变得更加多元化。

（一）互联网视频平台改变了主持行业的传播模式

传统主持行业长期依赖电视、电台等中心化媒介进行信息传播，而互联网视频平台的兴起彻底改变了这一格局，使主持行业从单向传播转向互动式传播，从中心化传播迈向去中心化传播。[①]过去，主

---

① 罗新河.解构、调整与升级：媒介融合语境下主持人角色研究[J].新闻与传播，2020（3）：45-49.

持人的影响力主要依托电视台、电台等官方机构，其职业发展路径依赖固定的节目播出时段和既定的节目形态。然而，短视频平台、社交媒体、直播等新媒介的崛起，彻底打破了这种传统模式，用户无须等待特定时间收看节目，而是可以随时随地通过移动端获取信息。这一变化促使传统媒体主持人积极拥抱新媒体，如央视新闻的主持人纷纷入驻抖音、B 站等平台，以短视频形式传播新闻资讯，从而提高传播效率，增强与年轻受众的互动。①

与此同时，去中心化的传播趋势让内容生产不再由传统机构主导，而是逐渐向个体化表达倾斜。过去，电视台和电台牢牢掌控着内容生产和传播流程，主持人要经过系统培训和机构认证才能进入行业。而如今，越来越多的自媒体内容创作者凭借鲜明的个人风格和精准化的内容，吸引了大批观众，直接参与信息传播。在 B 站的知识区、文化区、新闻区，一些 UP 主凭借轻松幽默的表达方式或深度解析的内容积累了广泛的用户基础，甚至在影响力上超越了一些传统主持人，这使行业竞争更加激烈。②

在这样的环境下，传统主持人不仅要适应新的传播模式，更需要持续打磨内容创作能力，强化个性化表达，塑造自身品牌，以在去中心化的媒体生态中站稳脚跟。同时，高校播音与主持艺术教育体系也必须顺应行业变革，培养主持人在新媒体环境下的综合能力，

---

① 李佳佳 . 新媒体环境下电视节目主持人的应对策略 [J]. 新闻前沿，2019（6）：81-84.

② 林小榆 . 融媒时代华语传播新趋势与记者型主持人的发展：2013 首届华语主持传播高峰论坛暨融媒时代记者型主持人发展研讨会综述 [C]. 北京：中国传媒大学，2013.

让他们能够掌握跨平台传播、内容策划、社交互动等多维度技能，从而满足全媒体时代主持行业的实际需求。

（二）互联网视频平台对主持人表达风格的影响

随着观众审美取向的演变以及信息消费方式的变革，互联网视频平台对主持人的表达风格提出了更为灵活和多元的要求。传统主持人的表达方式通常严谨、正式，强调逻辑性与权威感，而如今的网络环境更鼓励具有个性化、幽默化、生活化特质的表达风格，使原本传统中端庄规范的主持风格在新媒体环境中显得略显拘谨。[1]

在这一趋势下，主持风格的个性化越发重要。B站、抖音、小红书等新媒体平台上的内容创作者往往以轻松幽默的方式讲述信息，增强内容的亲和力和传播力，这种表达方式不仅迎合了年轻观众的观看习惯，也在潜移默化中影响着传统主持人的风格转型。

与此同时，互动性成为互联网视频平台的重要特征，这使主持人与观众之间的关系从单向传播转向双向沟通。过去，传统电视节目中的主持人大多是信息的传递者，而如今，互联网视频平台更加强调用户的参与感。主持人不仅要在评论区与用户交流，还需要根据观众的实时反馈调整内容方向。社交媒体上的新闻主持人常常通过直播形式，与观众直接互动，实时回应问题，这种模式不仅提升了观众的参与感，也大幅度增强了节目的影响力和传播度。[2]

---

① 王丽. 电视主持人转型路径探索与思考：基于对湖北广播电视台《喜子来了》栏目的调查 [J]. 传媒经济，2018（8）：56–59.

② 隋鹏. 消费维权类节目主持人的功能定位与素养 [J]. 消费者研究，2021（4）：34–37.

此外，短视频化趋势使信息表达方式发生了根本性的变化。传统电视新闻报道通常以长篇幅的深度分析为主，而短视频平台强调信息的快速传递和高效表达，要求主持人能够在极短时间内精准提炼核心信息。这种传播模式对主持人的语言表达能力、逻辑组织能力以及镜头表现力提出了更高要求。例如，B 站和抖音上的新闻栏目往往将数十分钟的新闻报道浓缩为短短几分钟的精华内容，既保留了信息的核心要点，又提升了用户的观看体验。①

在这一背景下，高校播音与主持艺术教育体系必须与时俱进，针对新媒体环境下的主持风格转型、互动传播能力培养、短视频信息表达技巧等方面进行系统性调整。未来的主持人不仅要适应传统媒体的传播模式，更要在新媒体平台上具备灵活的表达风格、精准的信息提炼能力以及强大的观众互动能力，这样才能在全媒体时代占据竞争优势。

（三）互联网视频平台催生了新的主持人职业形态

在小红书、B 站、抖音等平台的推动下，主持行业的职业形态逐步发生变革，涌现出诸多新型主持职业类别，使主持人的职业发展路径更加多元化。传统电视台的播报模式正在被更具互动性、个性化的内容形态取代，知识类 UP 主、短视频新闻解说、直播电商主持等新兴职业形式正在成为市场的重要趋势。②

---

① 李佳佳 . 新媒体环境下电视节目主持人的应对策略 [J]. 新闻前沿，2019（6）：81-84.

② 郑玄 . 原生 IP 视角下传统主流媒体的内容创新研究：以央视频《央 young 之夏》为例 [J]. 传媒评论，2021（8）：29-32.

知识类 UP 主逐渐承担起部分主持人的传播职能，甚至在某些方面超越了传统主持人的影响力。B 站上如"巫师财经""硬核的半佛仙人"等知识类创作者，以独特的叙述风格、精练的信息整合能力和深度的观点输出吸引了大量受众。这些内容创作者不同于传统意义上的主持人，他们的表达方式更自由，传播形式更灵活，甚至完全打破了"主持人"这一职业的固定形象。他们无须出镜，仅凭声音、字幕、动画、配图等方式，就能构建出完整的传播逻辑，形成了"去主持人形象化"的内容模式。这一趋势表明，在全媒体环境下，主持人的核心能力正在经历重构。过去，电视台主持人的影响力往往依赖个人形象、荧幕表现力和现场互动能力，而如今，内容本身的价值、信息的深度、观点的鲜明程度、叙事方式的吸引力，甚至主持人音色、节奏和情绪的渲染，才是决定传播效果的关键。[①] 以"硬核的半佛仙人"为例，他并不需要在视频中露面，而是通过极具个人风格的幽默语言、快节奏的信息传递以及精准的情绪调动，使观众在短时间内获得高密度的信息，同时保持极佳的观看体验。这种模式突破了传统主持人"必须出镜表达"的局限，进一步推动了去中心化传播，使个体创作者也能在信息传递中占据主导地位。

此外，这种去主持人形象化的趋势，也降低了内容创作的门槛，使更多领域的专家、学者和意见领袖得以直接面向大众传播知识。相比于传统主持人，他们不需要具备专业的镜头表现能力，而更注

---

① 罗新河.解构、调整与升级：媒介融合语境下主持人角色研究 [J].新闻与传播，2020（3）：45–49.

重清晰的逻辑表达、深入的内容剖析以及个性化的传播风格。[①]例如，在科技领域，许多 B 站 UP 主通过动画配音和字幕来解析科技前沿动态；在法律领域，部分法律博主通过漫画、对话框形式来解读案件；在财经领域，创作者往往结合图表、案例分析，帮助观众理解复杂的市场变化。这些创新模式颠覆了传统主持行业的传播规则，使内容的价值和传播者的个性成为吸引观众的核心因素。面对这一趋势，传统主持人必须思考如何在全媒体时代重新塑造自身的传播价值。如果主持人的竞争力仅停留在传统的舞台表现力上，那么在新媒体环境中，他们的影响力将逐步被内容创作者取代。因此，高校播音与主持艺术教育应顺应这一变化，在培养学生语言表达能力的同时，强化其内容策划、信息整合、跨平台传播能力，使其在去主持人形象化的趋势中，仍能保持核心竞争力。未来的主持人不仅需要适应镜头前的表达方式，还需要具备"隐身"传播的能力，在声音、叙述风格、内容策划、受众共鸣等层面，构建自己的独特影响力，以适应信息消费方式的转变和媒介环境的深度变革。

与此同时，短视频新闻解说模式的兴起，也进一步冲击了传统新闻主持行业。抖音、小红书等平台上涌现出大量新闻解说账号，如"局势君""环球时报短评"等，这些创作者凭借短小精悍的解读方式，将复杂的新闻事件浓缩成几分钟的短视频，使新闻信息传

---

① 王文艳.论人工智能时代职业主持人的传播优势[J].传媒前沿，2020（6）：71-74.

播更加快速高效。[①] 这一模式对传统新闻主持人提出了全新的挑战，促使他们适应短视频传播生态，调整自己的表达方式，从以往的正式播报转向更具亲和力、互动性的表达风格。许多传统新闻主持人已开始在短视频平台上尝试以更加灵活的方式解读新闻热点，甚至直接参与平台直播，增强与观众的即时互动，从而拓宽自身的职业边界。

直播电商的兴起催生了大量专业的电商主持人，进一步改变了主持行业的职业生态。传统电视购物的固定模式已无法满足现代消费者的需求，而抖音、小红书等平台的直播带货模式，以其更强的互动性、场景化的销售手法，吸引了越来越多的受众。这一趋势促使许多传统电视购物主持人转型进入直播电商领域，适应新媒体环境下的销售逻辑和表达风格。在这一模式下，主持人不仅需要具备良好的语言表达能力和产品解说能力，还需精通用户心理、社群运营和内容策划，以提升带货转化率。这种新兴职业形态打破了传统主持人与市场营销之间的界限，使主持人的职业角色向更加商业化、数字化的方向拓展。

从整体来看，短视频、直播电商、社交媒体等新兴传播平台的崛起，使主持行业的边界不断被重塑，传统主持人逐渐向多领域、跨平台方向发展。面对这一变革，高校播音与主持艺术教育需要顺应行业趋势，在课程体系中加强新媒体传播能力的培养，鼓励学生

---

① 王丽. 电视主持人转型路径探索与思考：基于对湖北广播电视台《喜子来了》栏目的调查 [J]. 传媒经济，2018（8）：56–59.

探索短视频内容创作、知识传播、直播电商等新兴领域的实践路径，从而提升他们在全媒体时代的适应力和竞争力。未来，主持行业的职业发展将更加多样化，传统主持人与新媒体内容创作者之间的界限将进一步模糊，拥有跨平台传播能力、个性化表达风格和商业思维的主持人，在传媒行业的新格局中将占据更有利的位置。

（四）互联网视频平台推动主持人的个人品牌建设

在传统主持行业，主持人的影响力往往依赖电视台或电台的权威性和平台资源，而在互联网视频平台的推动下，主持人逐渐摆脱机构的束缚，通过个人账号的运营，构建独立的品牌形象，从而获得更广泛的受众基础和商业价值。[①]这一变化使主持行业从依赖单一平台向多元化、自主化发展，传统主持人的职业路径逐步向个人 IP 化运营、跨平台传播和多元商业变现拓展。

许多主持人已经意识到个人品牌对于职业发展的重要性，纷纷在社交媒体上建立自己的账号，通过长期内容运营形成独特的品牌形象。就拿央视主持人朱广权来说，他在抖音、微博等平台上塑造了"段子手"形象，不仅打破了传统媒体的严肃感，还吸引了大量年轻粉丝。和过去主持人依赖机构赋予的权威性不同，如今的新媒体环境要求主持人通过个性化表达、内容策划、互动运营等方式强化自己的个人 IP，进而拓展市场影响力。[②]

---

① 李郁.AI 时代 CDIO 教育模式应用于播音主持人才培养的效果与改进策略 [J]. 教育研究，2023（2）：81-85.

② 李泽华. 以全新视角聚焦主持人的新未来：评《融媒体时代主持人的发展策略研究》[J]. 传媒观察，2022（7）：15-18.

与此同时，跨平台发展成为主持行业的重要趋势。过去，主持人的职业发展基本围绕电视节目展开，而现在，他们纷纷向短视频、播客、直播等新兴平台拓展，实现全方位的内容覆盖。以 B 站的新闻 UP 主为例，他们在短视频平台积累了一定的影响力后，也开始涉足播客、长视频等领域，进一步巩固其个人品牌。再比如，《奇葩说》的主持人马东，他不仅活跃在综艺节目上，还通过短视频、播客等多种传播形式，构建了自己的知识付费品牌，实现了多元化收入，使得个人 IP 不再受限于单一媒体，而是在多个场景中释放出更大的市场价值。[①]

商业变现模式的拓展，也让主持人的收入来源更加丰富。与传统主持行业主要依赖固定薪资和节目通告费不同，新媒体环境下的主持人可以通过广告投放、会员订阅、电商带货等多种方式实现变现。比如，一些知识类 UP 主通过知识付费课程获得额外收入，而新闻类创作者则凭借与品牌方的合作，拓展了个人品牌的经济价值。[②]除此之外，一些主持人选择通过社交媒体上的电商模式进行商品推荐，借助短视频、直播等形式进行精准营销，这使主持人在新媒体生态下的商业化路径更加多元。

互联网视频平台的兴起，不仅改变了主持行业的传播方式和表达风格，也深刻影响了主持人的职业形态和市场运作模式。如今，

---

① 李佳佳 . 新媒体环境下电视节目主持人的应对策略 [J]. 新闻前沿，2019（6）：81-84.

② 郑玄 . 原生 IP 视角下传统主流媒体的内容创新研究：以央视频《央 young 之夏》为例 [J]. 传媒评论，2021（8）：29-32.

小红书、B 站、抖音等平台的去中心化传播方式，使内容的主导权逐步从传统机构转向个体创作者，主持行业也从机构化运营向个体化、社交化运营转变。面对这一趋势，传统主持人需要不断调整表达风格，提升与观众的互动能力，适应短视频化的传播模式，同时加强个人品牌建设，以在竞争激烈的新媒体环境中保持市场竞争力。未来，成功的主持人不仅要具备传统的语言表达能力和现场控场能力，还要熟练掌握新媒体平台的运营逻辑、跨平台传播技巧以及内容商业化策略，以在多变的媒体环境中实现持续发展和职业价值的最大化。

三、融媒体时代主持人面临的挑战

随着技术的快速发展和传播方式的不断演进，媒体融合的全媒体环境已成为现代传媒业的主流趋势。传统的单一媒介形式已逐步被多平台协同传播取代，主持人在这一过程中经历了深刻的角色变革。不同于过去以电视、广播等传统媒体为主导的传播方式，融媒体时代的主持人不仅要适应多种媒介平台，还需要提升自身的内容生产能力，以适应个性化、多元化的信息消费需求。

融媒体时代不仅为主持人提供了更加丰富的发展空间，也带来了新的挑战。从媒介生态的变化、受众行为模式的调整，到技术手段的迭代，主持人的专业能力、传播策略和职业身份均发生了重大变革。如何在多元传播环境中保持竞争力，成为主持人职业发展过程中必须思考的重要问题。

虽然融媒体环境为主持人提供了更多发展机遇，但也带来了诸多挑战。主持人必须在适应新媒体环境的同时，应对日益激烈的行业竞争。

（一）主持人如何适应碎片化传播

短视频、直播等媒介的兴起，使信息传播变得更加碎片化，受众的注意力被极大分散，传统的长篇幅节目模式逐渐受到挑战。研究表明，用户在短视频平台上的平均注意力集中时间仅为 8 秒，如果在 3 秒内无法吸引观众的兴趣，用户就会迅速滑走。相较之下，传统电视新闻的平均报道时长通常在 3 ~ 5 分钟，专题报道甚至可以长达 10 ~ 30 分钟。因此，这一变化导致主持人的表达方式和内容组织方式需要得到全面调整，以适应短视频平台的传播逻辑。

面对这一挑战，主持人需要重新塑造自己的表达节奏和内容架构。首先，信息的压缩与精练变得尤为重要。与传统节目不同，短视频要求主持人在 5 ~ 10 秒内完成有效的信息传递，这不仅涉及语言表达的精准度，还要求在有限时长内构建逻辑完整的内容框架。例如，短视频新闻解说类账号"局势君"在抖音上推出的时政解读视频，平均时长仅 30 ~ 60 秒，但能够在短时间内高效传递关键信息，并保持较高的完播率。[①]这种高度浓缩的信息传播模式，要求主持人在表达方式上减少冗余，去掉复杂的背景铺垫，直击核心观点，同时增强语言的感染力，使内容更具冲击力和记忆点。

其次，碎片化传播强调即时性和互动性，主持人不能仅仅依靠

---

① 李佳佳. 新媒体环境下电视节目主持人的应对策略 [J]. 新闻前沿，2019（6）：81–84.

传统的播报方式，还需要学会通过视觉元素、叙事节奏和个性化表达方式来提高观众的注意力。例如，抖音和 B 站的热门短视频的时长往往控制在 15 ～ 60 秒之间，并通过夸张的肢体语言、生动的表情、字幕强化和快节奏剪辑等方式，使信息更加直观易懂。[①] 对主持人而言，这种变化意味着他们需要适应更加视觉化的表达方式，学会利用画面、剪辑和音效，增强内容的传播效果。例如，财经主持人在讲解股票市场动态时，会在 30 秒内结合图表和数据，以动画形式强化内容理解，而传统财经新闻可能需要 3 ～ 5 分钟进行细致解读。

最后，短视频和直播的互动特性也对主持人提出了新的要求。数据显示，超过 60% 的短视频观众会通过评论区、弹幕或直播聊天与内容创作者互动，而传统电视节目的观众互动率通常不到 5%。这种高互动性意味着，主持人不再只是单向传递信息，而是需要具备快速响应能力，能够在有限时间内准确理解观众的反馈，并及时调整表达方式，以提高互动质量。例如，直播新闻主持人在讲解热点事件时，往往需要在 10 秒内回应观众的问题，而直播电商主持人需要在 5 秒内根据用户留言调整话术，促成购买决策。这种高度即时的传播环境，要求主持人不仅要具备扎实的语言表达能力，还要拥有灵活应变的沟通技巧，以保持观众的关注度和参与度。

面对碎片化传播的挑战，主持人不仅需要调整语言风格，适应快节奏表达，还需要深度理解新媒体传播环境，提升内容策划、用

---

① 赵然.新媒体时代电视节目主持人培养路径的优化 [J].中国新闻出版广电报，2020（6）：42–49.

户互动、视觉表达等多方面能力，以确保在新的媒介生态中保持竞争力。数据表明，在短视频平台上，完播率高的内容通常能够在前 3 秒内建立清晰的主旨，并在 10～15 秒内提供完整的信息结构，因此，能够精准把握受众心理、灵活运用多种传播手段的主持人，才真正具备了适应短视频时代的能力，才能在新兴媒体环境中站稳脚跟。①

（二）个人品牌建设的挑战

在全媒体时代，主持人的影响力不再仅仅依赖机构赋予的资源，而是更多地与个人品牌建设息息相关。然而，个人品牌的建立并非易事，许多传统主持人在尝试个人 IP 化运营时，往往面临诸多挑战。例如，央视出身的新闻主持人往往具备扎实的专业素养，但他们习惯于严肃正式的播报方式，在转战社交媒体时，可能难以迅速适应新媒体轻松、互动的风格，导致其表达的内容缺乏传播力和吸引力。②

一个典型的案例是，某些资深新闻主播在抖音、B 站等平台尝试短视频新闻解读时，仍然保持传统的官方话语体系，而忽视了平台用户的内容消费偏好，结果播放量和互动率远远低于同类内容创作者。与之相反的，B 站上许多非专业新闻解说 UP 主，如"局势君""知名不具"等，以幽默诙谐的表达方式讲解时事新闻，反而比一些严肃新闻节目更受年轻用户欢迎。这表明，传统主持人在向个人 IP 转型时，单凭专业能力并不足够，他们还需要调整表达风格，使内容

---

① 郑玄. 原生 IP 视角下传统主流媒体的内容创新研究：以央视频《央 young 之夏》为例 [J]. 传媒评论，2021（8）：29–32.

② 李佳佳. 新媒体环境下电视节目主持人的应对策略 [J]. 新闻前沿，2019（6）：81–84.

更符合互联网受众的消费习惯。

另外，一些主持人虽然具备较强的社交媒体运营意识，但在打造个人品牌时缺乏长远规划，导致品牌定位不够清晰，难以形成稳定的粉丝群体。例如，有些主持人初期在短视频平台上凭借热点内容迅速积累粉丝，但由于缺乏持续性内容产出规划，导致后续内容同质化严重，逐渐失去竞争力。此外，部分主持人尝试拓展短视频、直播等新媒体内容时，未能结合自身的专业特长，盲目迎合市场趋势，导致品牌形象失焦。例如，一些财经类主持人尝试做泛娱乐短视频，但因缺乏相应的内容调性，无法与观众建立深层次的联系，最终导致流量下滑，影响力大打折扣。

除了内容表达方式的调整，个人品牌的建立还依赖对平台策略的精准把握。不同社交平台的用户群体和传播机制各不相同，主持人如果没有明确的平台运营策略，就容易陷入流量困境。例如，微博适合热点话题讨论，抖音和快手更注重短视频创意，B 站则偏向深度内容和圈层文化，如果主持人未能结合平台特点制定内容运营策略，很可能会错失目标受众。比如，有些传统电视主持人尝试在 B 站推出时事评论视频，但由于内容呈现方式过于严肃，与 B 站用户的兴趣偏好不符，最终未能获得较好的数据反馈。

此外，个人品牌建设还面临时间与精力的管理问题。传统主持人的工作模式通常是围绕节目安排进行，而个人 IP 化运营需要持续产出内容，且需要同时管理多个社交平台的账号，这对时间分配和精力投入提出了更高的要求。例如，一些资深电视主持人在尝试新媒体运营时，往往因节目制作的时间安排较为固定，而难以保证社交媒体的高频内容更新，导致品牌热度下降。相较之下，成功的个人 IP 主持人往往会组建自己的团队，进行内容策划、视频剪辑、社交运营等工作，以保证其个人品牌的持续曝光和内容稳定输出。例如，何炅除了主持电视节目，还通过微博、B 站等社交平台与粉丝互动，并通过综艺节目不断强化个人品牌形象，使其影响力始终保持在高位。

归根结底，个人品牌建设并不仅仅是将传统主持人的形象复制到新媒体平台上，而是需要围绕市场需求、受众偏好和个人特色，构建一个具有长期价值的品牌体系。主持人不仅需要提升自身的内容创作能力，精准把握不同平台的传播逻辑，还需要结合长期规划，打造稳定的内容体系，以保证品牌价值的持续增长。未来，随着媒介环境的不断演变，能够灵活调整品牌战略、精准定位目标受众的主持人，才有可能在竞争激烈的全媒体时代中占据一席之地。

（三）技术迭代带来的适应压力

全媒体时代的传播技术日新月异，主持人所面临的挑战已不仅限于内容创作，还涉及技术应用与适应能力的不断进化。AI 合成主播、虚拟主播等技术的广泛应用，使部分传统主持岗位逐渐被自动化系统取代，新闻播报、天气预报、财经快讯等领域的基础性信息传递，已经可以通过 AI 主持人完成。面对这一技术变革，主持人需要在情感表达、临场反应、互动沟通等方面展现出 AI 无法替代的优势，避免自身竞争力被削弱。[①] 此外，全媒体的概念不仅限于媒介的融合，更侧重于传播的全面性、覆盖性和全场景适应性，强调"随时随地传播，一切皆为媒介"。主持人不仅要适应多终端（手机、PC、电视、智能穿戴设备等）、多场景（在线、线下、移动端、户外屏幕等），还要掌握多模式（图文、音频、视频、直播、VR/AR 等）的全方位传播策略，以满足受众在不同环境下的内容需求。

虚拟现实、增强现实等沉浸式传播技术的普及，也在重塑主持行业的工作方式。大型体育赛事、演唱会、新闻直播等场景中，VR/AR 技术赋予观众更加直观的体验，传统主持人的表达方式和舞台呈现需要与之相适应。节目不再局限于单一的线性叙述，而是结合数据可视化、全息影像、交互式内容，使信息传递更加立体化。在这一背景下，主持人不仅需要精通语言表达，还要掌握虚拟场景的互动技巧，在面对全息影像、增强现实元素时，依然能够保持流畅的表达逻辑和稳定的控场能力。[②] 同时，在全媒体环境下，内容传播已不再受时间和空间的限制，主持人需要适应全天候信息流的传播模式，灵活调整内容呈现方式，以满足不同受众的需求。

5G 技术的应用加速了超高清、低延迟直播的发展，使信息传播的速度和互动性大幅提升，直播内容可以在更短时间内触达更广泛

① 郑玄. 原生 IP 视角下传统主流媒体的内容创新研究：以央视频《央 young 之夏》为例 [J]. 传媒评论，2021（8）：29-32.

② 李郁 .AI 时代 CDIO 教育模式应用于播音主持人才培养的效果与改进策略 [J]. 教育研究，2023（2）：81-85.

的观众，短视频、直播带货、互动访谈等新的传播形式成为主流。传统主持人习惯于有明确流程的节目播报，而新媒体环境下，实时互动、即时反馈成为核心，观众能够通过弹幕、评论、投票等方式直接影响主持人的表达节奏和节目走向。主持人在这一过程中不仅要具备极强的应变能力，还需要精准掌握观众心理，运用多维度的表达策略提升观众的沉浸感和参与度。[①] 此外，随着智能终端的广泛应用，观众可以通过智能音箱、车载系统、AR/VR 设备等多种渠道获取信息，这要求主持人能够适应不同终端的表达特点，在不同媒介形态下都能保持自身的传播影响力。

技术的快速迭代加剧了行业内部的竞争，传统主持行业的培训模式难以满足新媒体传播需求，人才培养方式也随之发生变化。主持人不再仅仅依赖传统的语言训练、节目编排，而是需要在数字内容生产、数据分析、算法推荐、AI 驱动传播等多方面提升综合素养。全媒体环境要求主持人能够在多平台、多模式、多场景下自由切换，以在碎片化信息流中建立稳定的个人品牌，增强观众的认同感。面对技术的冲击与行业的重塑，唯有不断学习新技能、拥抱新技术，并将自身的主持风格与科技创新相结合，才能在全媒体时代中保持竞争力，实现职业价值的持续增长。[②]

---

① 李泽华.以全新视角聚焦主持人的新未来：评《融媒体时代主持人的发展策略研究》[J].传媒观察，2022（7）：15-18.

② 王文艳.论人工智能时代职业主持人的传播优势 [J].传媒前沿，2020（6）：71-74.

（四）竞争加剧，行业门槛降低

互联网的发展极大地改变了主持行业的生态，使专业与非专业之间的界限逐渐模糊，传统主持人的竞争压力与日俱增。过去，主持行业的进入门槛较高，主持人需要经过系统的播音训练，具备标准化的语言表达、节目掌控力以及深厚的新闻素养，才能在电视、电台等平台上获得正式的主持机会。而在新媒体环境下，短视频、直播平台的兴起，让更多非科班出身的内容创作者得以快速进入主持领域，形成了与传统主持人截然不同的职业成长路径。[①] 与传统媒体主持需要经历层层选拔的模式不同，新媒体环境下，个人的影响力和流量运营能力成为行业竞争的核心因素。

网络主播、短视频创作者凭借强烈的个人风格、情绪化表达以及强互动性，与传统主持人形成了鲜明对比。短视频平台上的热门主播，往往通过碎片化的信息传播、戏剧化的情绪表达、极具个性的主持风格吸引观众，使观众的注意力逐渐从传统电视节目转移至新媒体平台。例如，电商直播领域的头部主播，依托精准的商品讲解、极具感染力的推销话术以及与观众的实时互动，打造了前所未有的商业价值，而这一模式恰恰是传统电视购物节目的主持人所难以完全复制的。此外，一些短视频新闻解读者，如财经、科技、社会热点评论的 UP 主，在极短的时间内通过简明扼要的表达方式、犀利的观点、强烈的情绪渲染等手法迅速积累流量，并在一定程度上取代

---

① 郑甦. 传统媒体主持人如何应对网络主播的挑战 [J]. 传媒观察，2020（5）：67-70.

了传统新闻主持的部分职能。

面对这一行业生态的变化，传统主持人需要重新思考自身的职业定位，并采取新的适应策略。在全媒体环境下，主持人的核心竞争力不再仅仅是标准化的语言表达，而是如何塑造个人品牌、优化内容生产模式，并在多平台环境中保持持续影响力。专业主持人需要在保持自身专业素养的基础上，学习新媒体传播技巧，增强个人风格的塑造能力，适应碎片化信息传播的逻辑，以更加贴近用户习惯的方式进行表达。例如，部分传统新闻主持人已经开始探索短视频新闻解读的模式，将长篇新闻报道压缩为短时高效的内容，使信息传递更加精准。[①] 同时，互动性也是新媒体时代主持人的关键能力，传统主持人需要适应直播、社交平台的互动规则，与观众建立更紧密的联系，才能在竞争激烈的环境中保持自身优势。

此外，面对网络主播、短视频创作者的挑战，传统主持人还需要展现自身的专业深度，以高质量内容实现差异化竞争。虽然在新媒体环境下，许多非专业出身的网络主播可以凭借个性化表达吸引观众，但他们在语言规范性、内容深度、信息精准度等方面仍存在不足，这恰恰是专业主持人可以巩固自身优势的领域。例如，在财经、文化、法律等专业性较强的节目中，主持人需要依靠扎实的专业知识、精准的表达和深度的内容剖析来建立权威性，形成自身的不可替代

---

① 李郁.AI时代CDIO教育模式应用于播音主持人才培养的效果与改进策略[J].教育研究，2023（2）：81-85.

性。[①] 此外，在面对重大新闻事件、政策解读、国际传播等领域时，传统主持人的规范化表达和公信力依然具有不可替代的作用，这也是职业主持人在新媒体环境下需要深耕的方向。

第二节　主持人在新媒体环境下的角色变迁

一、传统主持人与新媒体主持人的差异

新媒体的兴起改变了主持行业的生态，使传统主持人与新媒体主持人之间形成了鲜明的对比。传统主持人长期依托电视台和广播电台等机构发展，行业规范明确，表达方式稳定，职业路径相对固定。而新媒体主持人则受平台机制、观众偏好和市场化趋势影响，具备更高的自由度和灵活性。两者在职业规范、内容表达、互动方式和传播路径上均存在明显差异。

（一）主持人的职业规范演进

主持人的职业规范随着媒介环境和科技发展的演进，经历了从传统媒体时代的标准化要求，到新媒体时代的个性化、多元化发展，再到人工智能时代的技术融合与伦理考量。无论时代如何变化，主持人始终需要遵守职业道德，确保信息传播的公正性、权威性，同

---

① 郑玄.原生 IP 视角下传统主流媒体的内容创新研究：以央视频《央 young 之夏》为例 [J].传媒评论，2021（8）：29-32.

时在面对人工智能技术的介入时，思考如何平衡技术与人的价值，以维护主持行业的专业性和社会责任。

传统主持行业的培养模式较为系统化，通常经历专业学习、行业实习、固定平台选拔，最终成长为职业主持人。电视台和广播电台作为主要传播平台，对主持人的语言表达、节目风格、形象管理等方面有着严格要求。主持人在内容输出时，必须符合机构的政策导向，强调信息的准确性、权威性，不仅需要具备出色的语言表达能力，还需坚守职业操守，避免偏颇和误导性传播。[①]

在表达方式上，传统主持人遵循标准化语言体系，注重规范的普通话发音和严谨的语法结构。新闻类节目强调语言的客观、简洁，避免主观色彩；综艺类节目则更注重节奏感与情绪调动；访谈类节目要求主持人具备倾听与共情能力，以促进深度对话。形象管理方面，传统主持人需保持端庄得体的形象，服装搭配、仪态举止均需符合节目风格。例如，新闻主持人需要展现理性权威，而综艺主持人则强调互动性与娱乐性。[②]

在传统媒体环境下，主持人的话语权较为受限，个人风格展现的空间较小。媒体机构倾向于要求主持人遵循集体价值观，不鼓励过度个性化表达。因此，许多主持人在职业生涯早期以稳重、规范的风格示人，随着资历积累，才逐步形成独特的主持风格。与此同时，主持人在节目制作中的干预程度较为有限，主要承担信息传递角色，

---

① 李佳佳.新媒体环境下电视节目主持人的应对策略 [J].新闻前沿，2019（6）：81-84.
② 王贞.融媒体时代电视节目主持人的角色定位 [J].传媒观察，2021（3）：56-58.

而非内容策划者或生产者。

然而，随着新媒体时代的到来，主持行业逐渐由机构主导向个体品牌化发展。短视频、直播、社交媒体等平台削弱了传统媒体对主持人的部分管控，使主持人的个性化表达更加自由，职业风格也愈加多元。如今，主持人不仅需要具备传统的表达能力，还需适应社交媒体的互动模式，参与内容策划，甚至经营个人品牌。相比于过去依赖机构赋予的公信力，当下的主持人需要凭借个人影响力赢得受众信任，提升自身的专业价值。

与此同时，人工智能的发展正在深刻影响主持行业，AI 合成主播、语音合成、虚拟数字人等新技术的广泛应用，使主持行业面临新的伦理考验。AI 合成主播能够 24 小时不间断播报新闻，在语音、表情、内容编排等方面实现高度仿真。例如，新华社推出的 AI 主播已经能够完成实时新闻播报，并且具备自动生成新闻内容的能力。这种技术的兴起在提高信息传播效率的同时，也让传统主持人面临被取代的风险。①

面对 AI 技术带来的变革，主持行业需要在以下几方面进行伦理考量。首先，真实性与公信力的维护。AI 技术虽然可以高效传播信息，但其新闻来源、数据真实性及信息公正性依然依赖人工筛选和把控。主持人的核心价值不仅在于语言表达，更在于对信息的甄别与解读能力，以确保信息的准确性和可信度。未来，主持人需要强化自身

---

① 王文艳. 论人工智能时代职业主持人的传播优势 [J]. 传媒前沿，2020（6）：71–74.

的新闻判断能力，避免 AI 自动生成的信息所带来的误导。① 其次，技术与人文的平衡。AI 合成主播缺乏人类的情感共鸣、临场反应能力，难以实现高质量的访谈交流和深度新闻解读。相比之下，真人主持人的优势在于能够通过情感表达、即时互动、观点引导等方式增强传播效果。因此，主持行业应将技术视为辅助工具，而非替代者，利用 AI 提升内容生产效率的同时，发挥真人主持人的创造性思维与社会责任感。② 再次，隐私与道德风险的防范。AI 技术的进步使"深度伪造"（Deepfake）技术越发成熟，恶意分子可以通过 AI 合成主持人声音、面部表情甚至完整形象，制作虚假信息或传播虚假言论。③ 这一现象不仅威胁到主持行业的信誉，也可能引发更广泛的社会风险。为了维护主持行业的职业道德，媒体机构和政府应加强 AI 技术的伦理监管，建立健全技术审查机制，确保 AI 合成内容的合法性和真实性。④ 最后，职业发展方向的调整。AI 技术的广泛应用意味着传统主持人的职业角色正在发生转变，未来的主持人不仅需要具备语言表达能力，还需要掌握新媒体运营、数据分析、AI 技术应用等跨学科技能。主持行业的发展趋势正在从单一的新闻播报向多元化的内容生产转变，主持人需要提升自身的专业深度和综合素养，以适

---

① 李泽华.以全新视角聚焦主持人的新未来：评《融媒体时代主持人的发展策略研究》[J].传媒观察，2022（7）：15–18.

② 赵磊，孙媛.服务产业链为导向的应用型影视人才培养创新 [J].影视艺术与教育，2023（9）：58–65.

③ 卡尔·伯格斯特姆，杰文·威斯特.数据的假象 [M].中国台湾：天下杂志，2022（1）：22–47.

④ 未来论坛.人工智能伦理与治理 [M].北京：人民邮电出版社，2023（1）：32–58.

应新技术环境下的职业需求。

（二）新媒体主持人的职业自由度

与传统主持人不同，新媒体主持人依托社交媒体、短视频平台和直播平台成长，职业发展路径不再受限于机构选拔，而更多依赖个人内容的吸引力和市场反馈。在内容创作上，他们可以自主策划节目方向，自由选择主持风格，甚至可以根据用户反馈实时调整表达方式，形成高度个性化的传播模式。

新媒体主持人的语言表达方式更加灵活，较少受限于官方规范，能够根据目标受众调整用语。短视频平台的主持人往往采用更具亲和力和口语化的表达方式，以拉近与观众的距离。例如，抖音和B站的知识类主持人会以轻松幽默的方式解读深度内容，直播电商的带货主持人则更加注重销售话术和情绪渲染，以提升观众的购买意愿。①

此外，新媒体主持人具备更强的自主性，他们不仅是信息的传递者，同时也是内容创作者和运营者。传统主持人通常仅负责节目现场的表达，而新媒体主持人则需要同时兼顾选题策划、视频剪辑、流量运营等多个环节。例如，许多成功的短视频主持人会自行编辑内容脚本，并通过数据分析调整传播策略，以确保内容的最大化传播和商业变现。②

新媒体平台强调互动性，观众不再是单向的接收者，而是直接参与节目内容的人群。直播主持人可以通过弹幕、评论区、打赏等

---

① 郑甄.传统媒体主持人如何应对网络主播的挑战 [J]. 传媒观察, 2020（5）: 67–70.
② 李菲.全媒体时代广播主持人的身份转换 [J]. 传媒发展, 2022（1）: 54–57.

方式与观众实时互动，及时调整内容方向。例如，在带货直播过程中，主持人会根据观众的提问和需求变化，即时调整推荐商品和话术策略。这种强互动性不仅提高了观众的参与感，也对主持人的即兴表达和应变能力提出了更高的要求。[①]

尽管新媒体主持人享有更大的自由度，但这种模式也带来了更激烈的市场竞争。不同于传统主持人通过电视台提供的平台资源获得稳定的曝光度，新媒体主持人的成败更多取决于自身的内容创作能力和粉丝黏性。流量导向的机制使主持人需要不断创新，以适应平台算法和用户偏好，否则很容易被市场淘汰。[②]此外，新媒体主持人的商业模式也较为多样化，除了广告收入、粉丝打赏，还可以通过品牌合作、课程培训、社交媒体推广等方式实现变现，而不局限于单一的工资收入。

综合来看，传统主持人和新媒体主持人分别适应了不同的媒体环境，在职业规范、表达方式、互动模式和商业变现方式上都展现出各自的特点。传统主持人更注重专业性和稳定性，具备较强的权威性和可信度，而新媒体主持人则强调个性化表达和市场化运营，能够在碎片化的信息环境中迅速适应并获得关注。随着媒介生态的不断演变，两类主持人的界限正在逐渐模糊，越来越多传统主持人开始转型进入新媒体领域，而新媒体主持人也在探索更专业化的发展路径。

① 李佳佳. 新媒体环境下电视节目主持人的应对策略 [J]. 新闻前沿，2019（6）：81-84.

② 王贞. 融媒体时代电视节目主持人的角色定位 [J]. 传媒观察，2021（3）：56-58.

（三）主持内容生产方式的变化

主持内容的生产方式在传统媒体和新媒体环境下呈现出显著不同的发展路径。传统媒体主要采用栏目制的内容生产模式，强调长期规划、深度策划和稳定输出，而新媒体则依赖算法推送，以碎片化、个性化、高度互动的方式进行传播。这种内容生产方式的变化，不仅影响了主持人的表达方式，也改变了他们在节目制作中的角色定位。

1. 传统栏目制的内容生产特点

在传统媒体环境下，主持内容的生产通常以栏目制为基础，即按照固定周期进行内容策划和节目制作。这种模式强调长期规划、团队协作和高质量内容，要求主持人在较长的时间周期内积累话题，并通过脚本撰写、嘉宾邀请、节目录制、后期剪辑等流程完成节目制作。[①]

栏目制内容的优势在于其专业性和权威性，节目内容经过严格审核和筛选，确保了信息的准确性和表达的严谨性。例如，央视的《新闻联播》、湖南卫视的《快乐大本营》均采用这种模式，主持人需要在精心策划的内容框架内进行表达，以保持节目风格的稳定性。[②]此外，在这种模式下的主持人通常扮演信息传播者的角色，负责准确传达节目制作方的意图，而非内容生产的主导者。

然而，栏目制的弊端在于其更新周期较长，互动性较弱。由于

① 李佳佳. 新媒体环境下电视节目主持人的应对策略 [J]. 新闻前沿, 2019（6）：81-84.

② 王贞. 融媒体时代电视节目主持人的角色定位 [J]. 传媒观察, 2021（3）：56-58.

节目内容的策划和制作需要较长时间，栏目往往无法迅速响应社会热点。此外，由于传播方式以单向输出为主，观众的反馈无法即时反映到节目内容中，主持人难以根据观众需求进行灵活调整。[①]

2. 短视频算法推送的内容生产特点

新媒体环境下的内容生产方式发生了根本性变化，算法推送成为主流。短视频平台（如抖音、B站、小红书）采用个性化推荐系统，根据用户的观看行为、兴趣偏好、互动数据等进行智能分发，使内容传播更加精准。[②] 在这种模式下，主持人的表达方式更加自由，可以依据观众的即时反馈调整话题和风格，从而形成高度互动的传播形态。

算法推送模式的核心特点在于内容的碎片化、个性化和数据驱动。短视频内容通常以60秒到5分钟为主，强调短小精悍、信息密度高，以满足用户快速获取信息的需求。这种模式极大地降低了内容制作的门槛，使更多独立创作者可以进入主持行业，而不需要依赖传统媒体机构。

此外，算法推送模式强化了流量导向，主持人需要不断优化内容结构，以迎合平台推荐机制。[③] 例如，抖音上的新闻主持人通常会采用更具情绪感染力的表达方式，以吸引用户的注意力；而直播带

① 郑甄. 传统媒体主持人如何应对网络主播的挑战 [J]. 传媒观察，2020（5）：67-70.

② 李菲. 全媒体时代广播主持人的身份转换 [J]. 传媒发展，2022（1）：54-57.

③ 郑玄. 原生IP视角下传统主流媒体的内容创新研究：以央视频《央young之夏》为例 [J]. 传媒评论，2021（8）：29-32.

货主持人则会通过实时互动增强观众的购买欲望。这种内容生产模式的变化，使主持人在节目制作中不仅是表达者，更需要具备选题策划、剪辑制作、用户运营等多种技能，逐渐向全能型内容创作者转型。[①]

然而，短视频算法推送模式也带来了新的问题。一方面，由于算法推荐以用户偏好为导向，主持人必须不断迎合热点，导致内容的同质化和快餐化。另一方面，由于用户注意力被高度分散，内容的生命周期极短，主持人需要持续输出高质量内容，才能在激烈的市场竞争中保持影响力。[②]

综合来看，传统栏目制和短视频算法推送在内容生产方式上各具优势和挑战。栏目制强调专业性和稳定性，但互动性较弱，内容更新较慢；算法推送模式提升了传播效率和观众参与度，但容易造成信息碎片化和内容过载。面对这一变化，传统主持人需要重新审视自身的内容生产能力，寻求适应新媒体环境的方式，以提升竞争力。

（四）新媒体主持人的收入模式与商业变现方式

在新媒体环境下，主持人的收入来源已经发生根本性变化。相比于传统媒体主持人主要依赖固定工资、广告代言和节目提成，新媒体主持人具备更加灵活、去中心化的商业变现模式。随着短视频、

① 赵然.新媒体时代电视节目主持人培养路径的优化[J].中国新闻出版广电报，2020（6）：42-49.

② 李郁.AI时代CDIO教育模式应用于播音主持人才培养的效果与改进策略[J].教育研究，2023（2）：81-85.

直播电商、社交媒体等多种平台的发展，主持人的盈利方式趋向多元化，包括平台流量分成、粉丝经济、品牌合作、电商带货、课程培训等，这些方式不仅极大地提高了主持人的收入水平，同时也带来了更高的不稳定性和竞争压力。

1. 流量分成模式

流量经济是新媒体主持人最基本的收入来源之一。在短视频平台（如抖音、B 站、小红书）和直播平台（如抖音直播、快手直播、虎牙直播）上，平台根据内容的播放量、点赞数、分享数、观看时长等指标进行收益分成，从而鼓励内容创作者持续生产优质内容。同时，不同平台的流量分成模式有所区别。例如，B 站的"创作者激励计划"会根据 UP 主的视频播放量和互动数据给予相应的补贴，而抖音则通过"抖音创作者基金"按照播放量和互动率给予短视频作者收益。相较于传统媒体主持人的固定工资，新媒体主持人的收入更依赖作品的传播效果，流量分成越高，收入就越可观。[①] 然而，依赖流量分成的收入模式也存在较大风险。由于平台算法的不断调整，内容创作者可能会因流量下降而收入骤减。为了提高流量，部分新媒体主持人可能会迎合市场偏好，甚至进行内容低俗化、夸张化的表达，这为行业的整体健康发展带来了挑战。

① 赵然.新媒体时代电视节目主持人培养路径的优化 [J].中国新闻出版广电报，2020（6）：42–49.

2. 粉丝经济与打赏收入

在直播平台和社交媒体上，粉丝直接打赏是新媒体主持人的重要收入来源之一。相比于传统电视主持人与观众的单向互动，新媒体主持人可以通过直播、社群、私域流量等方式直接与粉丝建立连接，从而形成稳定的粉丝经济。[①] 而在抖音、快手、B 站等平台上，观众可以通过"刷礼物"或"打赏"等方式，直接为喜欢的主持人提供经济支持。例如，游戏解说主持人、财经主播、文化类节目主持人在直播过程中，观众可以通过弹幕或礼物表达支持，而这些打赏收入的一部分会直接归属于主持人。尤其在游戏直播、娱乐直播、财经分析等领域，部分头部主播的单场打赏收入可达数万元甚至更高。[②] 此外，新媒体主持人还可以通过私域流量运营来增强粉丝黏性，如建立专属粉丝群、推出付费会员计划、组织线下见面会等。这些方式不仅能够增加粉丝忠诚度，还能带来长期稳定的收入。[③]

3. 品牌合作与广告代言

品牌广告合作是新媒体主持人重要的商业变现手段之一。不同于传统电视广告需要通过电视台安排播出，新媒体主持人可以直接与品牌方合作，在短视频、直播、社交媒体等多种平台上推广产品。[④]

① 王贞. 新时代播音员主持人的职业新定位与新使命 [J]. 传媒评论，2023（5）：22-25.

② 郑玄. 原生 IP 视角下传统主流媒体的内容创新研究：以央视频《央 young 之夏》为例 [J]. 传媒评论，2021（8）：29-32.

③ 李郁. AI 时代 CDIO 教育模式应用于播音主持人才培养的效果与改进策略 [J]. 教育研究，2023（2）：81-85.

④ 李菲. 全媒体时代广播主持人的身份转换 [J]. 传媒发展，2022（1）：54-57.

品牌合作的形式包括视频植入、定制广告、直播推广、社交媒体营销等。例如，科技产品评测类主持人可以通过短视频评测科技产品，并在评论区附上购买链接；财经类主持人可以与金融机构合作推广投资产品；文化类主持人可以推荐书籍或艺术展览。品牌合作的收益往往比流量分成更高，尤其是头部主持人和KOL（关键意见领袖），他们的单条视频广告报价可以达到几十万元。[①] 此外，新媒体主持人还可以与品牌方建立长期合作关系，如成为某品牌的"形象代言人"或"品牌大使"。例如，某些财经类主持人会为金融科技公司代言，电竞解说主持人会成为游戏品牌的推广大使。这种合作方式不仅提升了主持人的行业影响力，也为其提供了更稳定的收入来源。然而，品牌合作的挑战在于，主持人需要保持内容的专业性和商业推广之间的平衡。如果过度商业化，可能会影响观众的信任度，甚至导致粉丝流失。因此，成功的新媒体主持人往往会在品牌合作中筛选符合自身风格和受众兴趣的品牌，以维持粉丝的黏性。

4.电商带货与直播销售

近年来，直播电商已成为新媒体主持人开展业务、实现商业价值最具爆发力的途径。借助短视频和直播平台，主持人可以直接向观众推荐产品，并通过互动提高销售转化率。尤其在抖音、快手、淘宝直播等平台，电商带货主持人的收入可以远超传统媒体主持人，一些头部直播带货主持人在单场直播中创造的销售额可达上亿元，

---

① 赵然.新媒体时代电视节目主持人培养路径的优化[J].中国新闻出版广电报,2020(6):42-49.

佣金收入也极为可观。即使是中腰部的直播电商主持人，也可以通过品牌推广、产品分成等方式获得高额收入。而电商带货的盈利模式主要包括销售分成、品牌赞助、产品推广等。例如，一位直播主持人可以在推广某款护肤品时，按照销售额的 10%～30% 提成，如果单场直播销售额达到 100 万元，主持人可获得 10 万～30 万元的佣金。此外，一些品牌方也会支付固定的推广费用，以确保产品在直播中获得更多曝光。[①]

尽管电商带货模式带来了高额收益，但也存在产品质量风险、夸大宣传、过度商业化等问题。例如，一些直播电商主持人因推广劣质产品而失去观众信任，甚至引发法律诉讼。因此，具有长期发展目标的主持人往往更注重选品质量和品牌信任度，以避免因短期利益而损害职业生涯。[②]

5.课程培训与知识付费

除了流量分成、品牌合作、直播带货等模式，知识类主持人还可以通过课程培训和知识付费获得收入。例如，语言培训、演讲技巧、财经投资、心理咨询等领域的主持人可以推出付费课程或会员计划，提供专业知识和技能指导。[③]在小红书、知乎、得到等知识付费平台上，越来越多的主持人通过线上课程、专栏订阅、付费咨询等方式实现

---

① 王文艳.论人工智能时代职业主持人的传播优势 [J].传媒前沿，2020（6）：71-74.

② 郑玄.原生 IP 视角下传统主流媒体的内容创新研究：以央视频《央 young 之夏》为例 [J].传媒评论，2021（8）：29-32.

③ 李郁.AI 时代 CDIO 教育模式应用于播音主持人才培养的效果与改进策略 [J].教育研究，2023（2）：81-85.

盈利。例如，一位财经类主持人可以推出"个人理财训练营"，一位演讲类主持人可以开设"公众表达技巧课程"。这种收入模式不仅能够带来可持续的经济回报，还能提升主持人的专业影响力。[①] 在新媒体环境下，主持人的收入模式已由传统的工资制转向流量变现、粉丝经济、品牌合作、电商带货、知识付费等多种渠道并行的模式。尽管新媒体主持人具备更高的收入潜力，但市场竞争也更加激烈，个人品牌的打造、内容的持续创新以及观众的信任维护已成为决定其职业生涯可持续性的关键因素。

二、观众需求变化对主持人职业素养的影响

（一）观众对主持人的专业性和个性化表达的需求变化

在数字化传播环境下，观众对主持人的要求已从单纯的信息传递扩展到更高层次的专业性和个性化表达。传统媒体时代，主持人更多地被要求保持中立、严谨，而当前观众更倾向于接受具备个人特色且富有互动性的主持风格。[②]

首先，观众对主持人专业性的要求显著提高。在快速变化的信息环境中，主持人不仅需要具备准确的信息传递能力，还需深度理

---

① 赵然.新媒体时代电视节目主持人培养路径的优化[J].中国新闻出版广电报，2020（6）：42–49.

② MARTINEZ C.The Role of Economic Control in Media Workflows [J]. Journal of Communication Studies，2021，44（3）：65–71.

解相关领域，以便提供权威性的分析。[①] 例如，在财经、科技等专业性较强的节目中，主持人需要兼具过硬的专业知识和良好的表达能力，以确保信息传递的准确性和可信度。[②] 同时，观众对主持人在社会热点事件中的表现也更加关注，要求其能够在复杂议题中展现深度洞察力，而非仅仅扮演信息传递者的角色。[③]

其次，观众对主持人的个性化表达需求增强。在短视频、直播等新兴传播形式中，个性化风格成为吸引观众的重要因素。[④] 传统的"标准化"主持风格逐渐让位于更具亲和力和个人特色的表达方式。例如，在抖音、B 站等视频平台上，许多知识型和资讯类 UP 主通过幽默风趣、直观易懂的表达方式吸引大量观众，展现了比传统媒体更强的用户黏性。[⑤] 这表明，主持人需要在保证专业化的基础上，充分挖掘个人表达特色，以增强观众的代入感和情感共鸣。[⑥]

最后，个性化表达的增强也意味着主持人的风格需要适应不同

① ANDERSON R.Big Data and Consumer Behavior in Media Industry [J]. Journal of Digital Consumer Research，2023，6（1）：29–35.

② 李宏伟. 拟态环境真实化背景下的传媒经济研究：基于 2021—2023 年中国传媒经济学的文献分析 [J]. 传媒经济，2023（9）：49–56.

③ CLARK P.The Role of Digital Media in Modern Journalism [J]. International Journal of Digital Media，2019，75（3）：75–82.

④ LACHLAN K A,SPENCE P R, LIN X.Expressions of Risk Awareness and Concern Through Twitter: On the Utility of Using the Medium As an Indication of Audience Needs [J]. Computers in Human Behavior，2014，39：105–110.

⑤ WILLIAMS D.The Evolution of Broadcasting in the Digital Age [J]. Journal of Broadcasting & Electronic Media，2017，102（2）：102–114.

⑥ SMITH J.The Role of Digital Media Convergence in Audience Engagement [J]. Journal of Digital Communication，2022，45（2）：78–94.

平台的需求。在传统电视节目中，主持人的表达方式往往较为正式，而在短视频或直播环境下，则更强调去中心化的互动表达。例如，通过直接面对镜头与观众对话，拉近与受众的心理距离。[①] 这种个性化表达的趋势要求主持人在职业生涯中不断调整和优化自己的表达策略，以适应不同媒体平台的特点。[②]

（二）观众对信息密度、情感共鸣、互动体验的需求增长

在全球数字化传播加速的背景下，观众的收视习惯发生了重大变化，对信息密度、情感共鸣和互动体验的需求明显增长，这对主持人的传播策略和职业素养提出了更高要求。[③]

首先，观众对信息密度的要求提高。在信息爆炸的时代，受众希望在有限的时间内获取更多有效信息，因此信息的浓缩性和结构化成为主持人表达的重要衡量标准。[④] 尤其是在短视频传播环境下，信息传递的精确度和逻辑性成为衡量主持人能力的关键标准。[⑤] 例如，财经类和科技类节目在向观众解释复杂概念时，需要用更简洁直观

① 王伟.观众需求研究：以2017—2018年贺岁档影片为例 [J].电影研究，2019（3）：55-62.

② ROBERTSON T.The Impact of Digital Economy on Broadcasting Industry [J]. Broadcasting & Digital Media Review，2022，19（4）：112-118.

③ JONES M.Media Economy and Platform Evolution in the Digital Age [J]. International Journal of Media Economics，2023，15（2）：85-92.

④ 赵华，孙涛.产学研合作背景下应用型人才培养研究 [J].高等教育发展研究，2023（5）：78-85.

⑤ 王文.传播行为经济研究何以可能：理论溯源、概念工具与研究范式 [J].新闻与传播研究，2021（8）：34-41.

的方式进行表达，如使用数据可视化、动画演示等手段，以提高观众的理解效率。①

其次，观众对情感共鸣的需求不断增强。社交媒体的兴起使观众更倾向于关注具有温度的传播内容，而非单向的信息传递。② 在这一背景下，主持人在面对社会新闻、灾难报道、纪实访谈等类型的节目时，需要能够展现情感共鸣和同理心，以增强节目内容的感染力。③ 例如，文化类访谈节目《朗读者》通过对文学作品的诵读，以及与嘉宾的深度访谈，引导观众沉浸在文学的情感世界之中。主持人通过温暖而富有感染力的表达，与嘉宾共同探讨作品背后的故事，使观众在文学的韵律和思想中获得共鸣。与此同时，节目主持人董卿在访谈过程中展现出的共情能力、精准的语言表达以及深厚的文学素养，使节目不仅具有知识传播价值，更在情感层面与观众形成了深度连接。④

最后，观众对互动体验的需求显著上升。传统媒体以单向传播为主，而新媒体环境强调多方互动，观众希望能够实时参与内容生

① SMITH J,Johnson L.Understanding Undergraduate Professional Education: Trends and Challenges [J]. Journal of Higher Education Research，2023，12（3）：102–115.

② BHARGAVA V R, Velasquez M.Ethics of the Attention Economy: The Problem of Social Media Addiction [J]. Business Ethics Quarterly，2021，31（3）：321–359.

③ 王成，叶伟.高等职业教育高质量发展指数的指标体系构建：基于70份政策文本的 NVivo 质性分析 [J]. 教育政策研究，2023（11）：50–61.

④ 张伟，赵新宇.“产学研创”教育平台构建：融媒体创作人才培养 [J]. 传媒教育研究，2023（6）：21–29.

产。[①]这意味着主持人在新媒体环境下不仅是信息传递者，更是社群构建者。[②]例如，在直播电商环境中，主持人需要具备快速应变能力，实时解答观众问题，并通过增强互动来提升观众的购买意愿。此外，在短视频内容创作中，主持人需要灵活运用用户反馈，优化内容呈现方式，以提高用户黏性。

总体而言，观众对信息密度、情感共鸣和互动体验的需求在增长，这使主持人在表达能力、情感管理和互动技巧上都面临着更高的要求。未来的主持人需要结合自身专业能力，不断优化表达方式，以更高效的传播策略适应多元化的观众需求，同时在新媒体环境中探索更具互动性的传播模式，以增强自身的职业竞争力。

（三）主持人在不同观众群体中的定位调整

主持人在媒介环境变革的过程中，其观众群体的构成和需求发生了深刻变化，这需要主持人不断调整自身的职业定位，以适应新的传播语境。年轻化、国际化、多元化成为当前主持行业发展的重要方向，不同观众群体对于主持风格、表达方式和内容策划的要求呈现出明显的差异。

年轻观众群体的崛起推动了主持风格的变革。新一代观众更倾向于轻松、个性化且互动性强的表达方式，这与传统媒体时期主持

①　RACHMAD Y E.Social Media Impact Theory [M]. Port Elizabeth Bay Book Publishing，2023，Special Edition.

②　CARTER P.Transformation of Traditional Broadcasting in the Age of Digital Platforms [J]. Media Convergence Studies，2024，20（1）：53-60.

人的正式、规范表达形成鲜明对比。网络平台上的主持人越来越多地使用网络语言、情境化表达，以及更加具有娱乐感的表现手法，以增强观众的共鸣感。[①] 例如，许多新闻媒体在短视频平台上调整了内容风格，人民日报、央视新闻等官方账号在社交媒体上的主持语言更加简洁直白，避免过度专业化，以适应短视频受众的接受习惯。[②] 此外，科普类内容的主持人通过戏剧化的演绎，使复杂知识更具趣味性，例如 B 站上的科技类视频创作者采用叙事化表达，将科学概念融入生活场景，吸引年轻用户的关注。[③]

随着媒介全球化的发展，主持人的国际化能力也成为行业发展的重要方向。国际新闻频道、双语主持及跨文化交流类节目日益增多，这要求主持人具备跨文化传播能力，以适应全球观众的需求。[④]CGTN（中国国际电视台）的新闻主持人通常具有流利的双语表达能力，在国际新闻报道、跨文化访谈及国际会议报道中发挥着关键作用。与传统国内电视台的主持风格相比，国际化主持人在语言、表达方式以及文化敏感性方面需要进行更加专业的训练，以确保自己能够

---

① LACHLAN K A,SPENCE P R, Lin X.Expressions of Risk Awareness and Concern Through Twitter: On the Utility of Using the Medium As an Indication of Audience Needs [J].Computers in Human Behavior，2014（39）：105–110.

② 赵欣 . 从传媒经济到平台经济：关注产业研究的创新前沿 [J]. 现代传播，2023（6）：21–27.

③ MARTINEZ C.The Role of Economic Control in Media Workflows [J]. Journal of Communication Studies，2021，44（3）：65–71.

④ ROBERTSON T.The Impact of Digital Economy on Broadcasting Industry [J]. Broadcasting & Digital Media Review，2022，19（4）：112–118.

精准传递信息，避免文化误解。

多元化趋势同样影响着主持行业的发展。在观众需求日益多元化的背景下，不同群体对主持风格的期待各不相同。传统媒体时代，主持人大多采取统一的表达方式，而在全媒体时代下，主持人需要针对不同观众群体进行精准表达，满足各类用户的内容需求。例如，财经类主持人需要具备经济学背景，以满足专业观众的需求；而娱乐类节目主持人则需要更强的临场反应能力，以带动观众情绪。此外，社交平台的兴起让主持人与观众之间的关系更加紧密，主持人需要增强互动意识，通过社交媒体直接与用户交流，以建立更加紧密的受众联系。

不同观众群体对主持人的要求促使主持行业不断优化培养体系。面对年轻观众，主持人需要掌握新媒体传播技巧，提高互动能力；面对国际观众，主持人需要增强跨文化沟通能力，提高语言表达精准度；面对多元化观众，主持人需要具备跨学科知识储备，精准匹配不同观众的内容需求。在这样的变化趋势下，主持行业的职业发展路径愈加多元，传统的主持职业路径正在被更加灵活、多变的职业模式所取代。

第三节　主持人职业身份的流动性

一、多平台主持的适应策略

（一）传统媒体主持人如何向多平台扩展

在传媒行业数字化转型的背景下，传统广播电视主持人正面临前所未有的挑战与机遇。传统媒体的受众逐渐向新媒体平台迁移，主持人的传播方式也随之发生变化。尽管广播电视仍具备较高的公信力和专业性，但新媒体的互动性、个性化推荐机制以及内容的碎片化特征对主持人的表达方式提出了新的要求。

传统媒体主持人在向新媒体扩展时，首先需要调整自身的表达风格。过去，主持人多采用单向传播模式，围绕节目流程进行有序播报。然而，在新媒体环境下，受众倾向于更具亲和力、互动性强的表达方式，这要求主持人加强与观众的实时交流。在短视频平台中，一些新闻主持人尝试将原本的时政新闻转化为短视频进行解读，用轻松、直白的语言，使观众更容易去接受。例如，一些财经节目主持人采用故事化叙述方式，以短时间内传递关键信息的方式增强受众吸引力。

此外，直播平台的发展为主持人提供了新的职业路径。一些传统电视节目主持人开始涉足直播行业，如在电商直播、社交互动直播中担任主持角色。与传统电视节目相比，直播平台具有更强的实时互动属性，主持人需要根据观众的反馈即时调整表达方式，以增强受众的参与感。①

新媒体环境的多元化传播模式使主持人有必要进行跨平台内容适配。过去，广播电视主持人的表达方式较为正式、稳定，而在新媒体平台上，内容的生产方式更偏向个性化，主持人需要灵活调整风格，以适应不同的受众群体。②在微博平台上，部分主持人采用简短的时事点评的方式吸引关注；在 B 站上，他们则倾向于制作深度访谈或专题解析内容；而在抖音和快手等短视频平台上，主持人通常以更生动、互动性更强的方式进行表达，以增强用户的沉浸体验。③在多平台扩展的过程中，部分主持人通过塑造个人品牌提升自身影响力。一些新闻主持人将自身定位为时政解读专家，在多个平台上分享专业见解，使其内容更具公信力和传播价值。同时，短视频与直播的结合也为主持人提供了新的职业发展路径，一些综艺类节目主持人利用直播形式加强与粉丝的互动，提升个人影响力并拓展商业合作机会。传统主持人通过内容策略的调整，可以实现职业路径的拓展，并在多平台环境中保持较强的市场竞争力。

（二）跨平台主持的风格调整与表达适应

随着新媒体的快速发展，主持人的表达方式和传播策略也在不

①　WILLIAMS D.The Evolution of Broadcasting in the Digital Age[J].Journal of Broadcasting & Electronic Media，2017，102（2）：102-114.

②　LACHLAN K A,SPENCE P R, LIN X.Expressions of Risk Awareness and Concern Through Twitter: On the Utility of Using the Medium As an Indication of Audience Needs [J].Computers in Human Behavior，2014，39：105-110.

③　JONES M.Media Economy and Platform Evolution in the Digital Age[J].International Journal of Media Economics，2023，15（2）：85-92.

断调整。传统电视主持人的语言风格较为正式、严谨，而新媒体平台更注重个性化表达和观众互动。[①] 跨平台主持人需要根据不同媒介的特性调整自身风格，以适应不同受众的需求。

1. 新闻类主持人的风格调整

新闻类主持人向新媒体拓展时，需要在保持专业性和公信力的基础上，适应更轻松、直白的表达方式。在传统电视新闻中，主持人通常以正式播报的方式传递信息，而在短视频和社交媒体平台上，观众更倾向于简洁、有趣、互动性强的内容。例如，某知名新闻主播在短视频平台上采用"时政热词解析"的方式，以生动的语言解释复杂的政策，受到了年轻观众的欢迎。

2. 综艺类主持人的风格适应

综艺类主持人进入新媒体平台后，需调整自身的互动方式。传统综艺主持人的主要任务是调动现场氛围，而在短视频和直播平台上，主持人需要直接与观众互动，增强即时性和亲和力。在社交平台上，一些综艺主持人会通过问答互动、挑战赛等方式拉近与观众的距离，增强内容的传播效果。

3. 直播电商主持人的表达策略

直播电商主持人与传统主持人最大的区别在于，他们不仅需要传递信息，还需要在短时间内吸引用户兴趣，并促成购买行为。因此，直播主持的语言风格通常更加直接、热情，并带有一定的煽动性，

---

① BROWN C,MILLER T.Ethics of the Attention Economy: The Problem of Social Media Addiction [J].Journal of Digital Ethics，2022，15（2）：45-53.

以促使观众产生消费冲动。此外，直播主持人需要不断回应观众评论，制造实时互动氛围，提高用户的参与度。

4. 电竞解说主持人的表达模式

电竞解说的主持风格与传统体育解说有所不同。体育解说员通常采用严谨、理性的分析方式，而电竞解说员更注重激情展现和氛围营造。电竞解说员需要具备较强的战术分析能力，同时通过幽默、轻松的语言让观众产生共鸣。

5. 文化类主持人的跨平台适应

文化类主持人在短视频平台上需要调整表达方式，使深度内容更具可读性和吸引力。例如，一些历史文化节目主持人将长篇讲解内容拆分为系列短视频，以增强用户的观看体验。此外，文化类主持人可以利用社交平台发布补充内容，如访谈花絮、书单推荐等，以吸引不同层次的受众。

总体而言，跨平台主持人的风格调整需要基于不同媒介的特性进行灵活适配。传统主持人若能有效调整表达方式，并加强与观众的互动，便能在新媒体环境下保持竞争力，实现职业身份的成功转型。[①]

（三）观众在不同平台上对主持人的接受差异

在不同的媒介平台上，观众对主持人的期待、互动方式和接受程度存在显著差异。传统媒体观众更注重专业性与权威性，而新媒

---

① BROWN C,Miller T.Ethics of the Attention Economy: The Problem of Social Media Addiction [J]. Journal of Digital Ethics，2022，15（2）：45-53.

体观众则更加关注个性化、互动性和娱乐性。主持人在多平台发展的过程中，需要理解不同平台的受众特征，并有针对性地调整表达方式与内容策略。

在传统广播电视平台上，观众普遍倾向于专业化、稳定性的主持风格。新闻类节目要求主持人具有权威性，表达方式严谨客观，避免过度个人化的观点输出。综艺类主持人则需要具备较强的控场能力，但整体风格仍需符合电视台的节目规范，以保证节目质量与品牌形象。① 文化类节目观众倾向于稳重、内敛的主持风格，强调知识深度和文化修养，期待主持人能够通过精准表达和深入解读提升内容的吸引力。

相比之下，短视频平台（如抖音、B站、小红书）受众更倾向于轻松、有趣、高信息密度的主持风格。短视频内容通常在几秒至数分钟内完成信息传递，因此主持人需要快速吸引注意力，并精准传达核心内容。语言表达上，相较于传统媒体的观众，短视频观众更喜欢通俗化、生活化的表达方式，并且对于信息的娱乐性和易理解度有较高要求。② 个性化表达在短视频平台上尤为重要，主持人需要突出个人风格，如幽默风趣、情绪化表达，甚至带有一定的戏剧化演绎，以增强受众黏性。③

① JONES M.Media Economy and Platform Evolution in the Digital Age [J]. International Journal of Media Economics，2023，15（2）：85-92.

② Smith A.Audience of the Composition Text [J]. Journal of Media Studies，2023，16（4）：16-24.

③ ROBERTSON T.The Impact of Digital Economy on Broadcasting Industry [J]. Broadcasting & Digital Media Review，2022，19（4）：112-118.

直播平台（如淘宝直播、快手、斗鱼）的观众则更关注即时互动和强社交属性的主持风格。观众希望主持人在直播过程中能够实时回应问题、调动氛围，增强参与感。在直播带货领域，主持人的情绪调动能力至关重要，如通过限时促销、情绪渲染等方式激发观众的购买欲望。此外，直播观众更倾向于与主持人建立直接的情感连接，例如电竞解说员需要在直播中与观众频繁互动，讨论战术策略，以增强观众的参与感和对电竞社区的归属感。

在社交媒体（如微博、Twitter）环境中，观众的兴趣点主要集中在主持人的观点输出、时事评论能力以及个人品牌塑造上。社交媒体上的新闻主持人通常需要结合自身观点进行信息解读，以吸引更多用户关注。由于社交媒体传播特点是碎片化阅读，观众更习惯于短小精悍的信息表达，因此主持人需在有限的字数或视频时长内高效传递关键信息。此外，社交媒体平台的受众高度依赖互动行为，如转发、点赞、评论，主持人的社交互动能力直接影响其传播效果。主持人在多平台发展过程中，需要根据不同平台的观众需求调整自己的表达方式与互动策略，以确保自身影响力的持续增长。

表1　不同平台观众接受度对比分析

平台类型	观众偏好	主持人风格	互动方式	传播特征
传统电视	权威性、专业性	严谨、稳重	单向传播	长时段、深度内容
短视频	轻松、高信息密度	生活化、个性化	点赞、弹幕	短时、高频
直播	即时互动、情绪调动	热情、煽动性	直播间互动	互动性强，实时反馈
社交媒体	观点输出、社交传播	观点鲜明、幽默	评论、转发	短文本、高传播性

二、跨界主持：全能复合型主持人的打造

主持行业的跨界发展已成为一种趋势，传统主持人正从单一领域向多元化方向拓展，以适应媒体融合时代的需求。过去，主持人主要依附于广播电视等传统媒体，承担新闻播报、综艺节目主持或文化访谈等角色。然而，随着数字媒介的迅猛发展，观众获取信息的渠道发生变化，社交媒体、短视频、直播等新平台逐渐占据主导地位，主持人的工作内容和职业发展模式也随之重塑。在此背景下，主持人必须具备跨平台适应能力，融合不同领域的专业知识，同时掌握内容生产与品牌运营策略，以增强自身的市场竞争力。

（一）从单一领域向跨界发展的必要性

媒体生态的重构促使主持人不再局限于传统电视、广播，而是向新媒体平台扩展，实现从单一领域到多领域的职业升级。[①]媒体融合的加深使内容生产形式更加多样，主持人需根据不同平台的传播特点调整表达方式。例如，在传统新闻节目中，主持人需要保持客观、专业的表达；而在短视频或直播平台，内容节奏加快，主持人需更加注重情绪调动和互动性，以迎合观众需求。[②]

此外，商业化需求推动主持人与不同行业合作，跨界已成为其提升市场竞争力的重要手段。许多主持人通过拓展个人IP，与影视、

① ANDERSON R.Big Data and Consumer Behavior in Media Industry [J]. Journal of Digital Consumer Research，2023，6（1）：29–35.

② JONES M.Media Economy and Platform Evolution in the Digital Age [J]. International Journal of Media Economics，2023，15（2）：85–92.

教育、财经、科技等领域结合，在短视频、社交媒体和直播平台上塑造自身品牌，实现多元化变现。

案例 1：新闻主持人向知识型短视频创作者转型

在全球范围内，许多传统电视新闻主持人开始利用短视频平台进行时事解读和深度新闻分析。例如，BBC 前新闻主播 Emily Maitlis 在离开电视台后，通过 YouTube 和播客平台继续进行深度新闻报道，她的节目内容仍然保持高专业度，但表达方式更为自由，与观众互动更为紧密。[①] 在中国，央视新闻节目前主持人张泉灵在退出传统新闻主持后，转型为知识型短视频创作者，依托自身的新闻背景，以财经、科技等领域为核心，在短视频和社交平台上进行内容创作，并建立个人 IP，成功在新媒体市场中获得了大量关注。

（二）综合教育提升主持人跨界能力

跨界主持人的成功转型不仅依赖职业环境的变化，更需要个人能力的提升。主持人需要拓展专业知识体系，以适应不同领域的表达需求。例如，财经类主持人应具备金融市场分析能力，科技类主持人需要理解人工智能、区块链等新兴技术，文化类主持人则需深耕历史、文学等学科，以丰富节目内容的广度和深度。此外，表达风格的调整也是跨界主持的重要环节。不同类型的节目和平台对语

---

① ROBERTSON T.The Impact of Digital Economy on Broadcasting Industry [J]. Broadcasting & Digital Media Review，2022，19（4）：112-118.

言、情绪表达、信息传递方式有不同要求。例如，新闻类主持人需要以理性、客观的表达方式提升可信度，而综艺类主持人则需要运用幽默、戏剧化的手法增强观众的代入感。

案例2：综艺类主持人跨界影视与电商直播

近年来，综艺类主持人跨界发展的案例屡见不鲜。例如，中国知名综艺类主持人何炅，在娱乐综艺节目中备受欢迎，然而，他并未局限于传统综艺，而是积极拓展至影视、音乐、文化访谈等多个领域。他曾主持《朗读者》《朋友请听好》等偏文化类的节目，同时涉足影视表演、舞台剧制作等领域，展现出跨界主持的多样性。此外，他也在直播电商领域进行尝试，参与品牌营销活动，在互联网时代保持个人品牌影响力。另一个值得关注的案例是美国著名脱口秀主持人 Oprah Winfrey，她不仅在电视领域取得了巨大成功，还跨界进入出版、电影制作、社交媒体运营等领域，建立了庞大的个人品牌，并推出自有的媒体公司，成为跨界主持的典范。

（三）多元化职业发展对主持人的影响

跨界主持的发展趋势不仅影响个人职业规划，也对整个行业格局产生深远影响。多平台运营使主持人的职业寿命得到延展。单一领域的主持工作容易受到市场变化影响，而跨界发展能够帮助主持人不断开拓新方向，增强职业稳定性。例如，部分新闻主持人通过社交媒体分享深度解读内容，在短视频平台积累受众，拓展自身影响力；而有些综艺主持人则借助品牌合作和直播带货拓宽商业化路径。

案例3：财经类主持人跨界直播带货

财经类主持人一直以专业度和严谨性著称，然而，部分财经类主持人成功在新媒体环境下实现跨界发展。例如，吴晓波，原本是财经类主持人、商业评论家，但他通过直播电商的方式，将财经知识与品牌推广结合，在淘宝直播等平台进行高端消费品推荐，成功打破了财经主持人的传统界限。[①]此外，美国财经类主持人Jim Cramer利用YouTube和社交媒体分享投资分析，通过与金融科技企业合作，不仅拓展了自己的影响力，也实现了商业化转型。[②]

（四）个人品牌与跨界主持的发展路径

在跨界发展的过程中，主持人需要构建清晰的个人品牌，以确保职业竞争力的长期保持。[③]首先，建立个人品牌标签是关键。主持人应明确自身的内容定位和核心优势，例如某些财经类主持人以"理性专业"著称，成为市场权威；而文化类主持人则通过文学作品等

① CARTER P.Transformation of Traditional Broadcasting in the Age of Digital Platforms [J]. Media Convergence Studies，2024，20（1）：53–60.

② BROWN C,Miller T.Ethics of the Attention Economy: The Problem of Social Media Addiction [J]. Journal of Digital Ethics，2022，15（2）：45–53.（3）：34–42.

③ LACHLAN K A,Spence P R, Lin X.Expressions of Risk Awareness and Concern Through Twitter: On the Utility of Using the Medium As an Indication of Audience Needs [J]. Computers in Human Behavior,2014,39: 105–110.

内容的深度解读塑造"知识型"形象。其次，优化多平台内容布局，有效管理不同媒介上的传播策略。例如，在微博平台，主持人可以发布短文观点吸引热点讨论，在短视频平台可以制作轻量级科普视频，在直播平台则可进行深度互动，以提高用户黏性。

第四节　技术变革对主持人职业发展的影响

一、AI 技术带来的挑战与机遇

人工智能技术正逐步融入广播电视行业的各个环节，不仅提升了内容生产的效率，也推动了服务模式的创新。如图 1 所示，人工智能在广播电视行业的典型应用场景覆盖了从选题策划、媒资管理、节目制作与播出、内容分发与传输、运营服务、智能终端应用、监测与监管、服务评价、系统运行维护及网络安全等多方面，为行业智能化升级提供参考。与此同时，人工智能技术的突破加速了虚拟主持人与合成主播的发展，传统主持行业在面临技术革新挑战的同时，也迎来了新的机遇，拓展了主持人的职业发展方向。

（一）AI 主持人的语音合成与智能交互技术发展

1．语音合成与自然语言处理的突破

近年来，语音合成技术取得了重大进展，使 AI 主持人能够生成

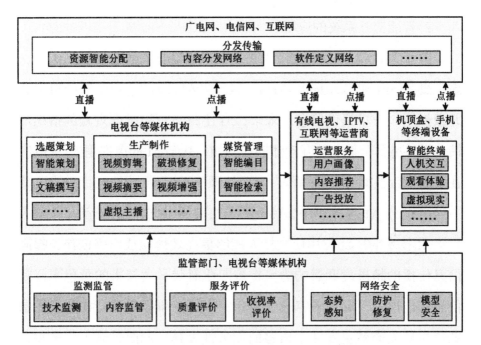

图1　广播电视人工智能应用体系架构图①

更加自然的语音，并与观众实现智能交互。基于深度学习和神经网络的语音合成系统，如 Text-to-Speech（TTS）和自然语言处理（NLP）技术，使 AI 合成主持人的语音情感更加丰富、语调更加自然。

目前，许多新闻机构和企业已开始采用 AI 主持人进行内容播报。例如，中国中央广播电视总台（CCTV）推出了"AI 合成主播"，该主播能够 24 小时不间断播报新闻，并根据实时数据调整播报内容。此外，英国广播公司（BBC）和美国有线电视新闻网（CNN）等国际媒体也尝试使用 AI 主持人进行新闻播报和天气预报，降低人力成本，提高信息传播效率。

---

①　孙苏川，关丽霞 . 广播电视人工智能应用白皮书 [R]. 国家广播电视总局科技司，2019.

2. 智能交互系统的应用

除了语音合成，AI 主持人正逐步具备智能交互能力。[①]例如，虚拟助手 Siri 和 Google Assistant 已经能够与用户进行简单的对话，并根据用户需求提供信息。未来，AI 主持人可以结合观众的情感反馈，提供更具个性化的互动体验。例如，基于 AI 的虚拟主播"Lily"在直播平台上能够根据弹幕内容调整语气，使互动更加自然。

（二）AI 技术如何辅助主持人提升内容生产效率

AI 技术的广泛应用使主持人能够更高效地完成内容创作，提高信息传播的精准度和影响力。在数字化时代，主持人的角色不仅是信息的传递者，更是内容的策划者、生产者和运营者。AI 技术的辅助使主持人能够更专注于内容的创造性表达，同时提升工作效率，适应媒体融合的需求。

1. 智能文本生成与新闻播报

AI 文本生成技术，如自然语言处理（NLP）和大语言模型（LLM），可以帮助主持人快速整理信息、撰写新闻稿件和访谈提纲。过去，新闻主持人需要花费大量时间梳理新闻事件、查阅相关资料并撰写播报稿件，而 AI 的引入使这一过程变得更加高效，如图 2 所示。AI 可以自动抓取全球热点新闻，提炼关键信息，生成初步新闻稿；能够根据新闻类型（财经、时政、娱乐）优化语言风格，提高文本可读性；还可以结合实时数据（如股市、天气、疫情）动态调整播报

① 龚潇潇，蒋雪涛，玉胜贤 .AI 虚拟主播角色与产品类型对消费者购买意愿的交互影响研究 [J]. 管理学报，2024，21（9）：1373–1381.

内容。[①] 尽管 AI 在新闻生成方面具备较高的自动化能力，但主持人仍需对内容进行校对、调整语言风格，并结合自身表达特点，使新闻播报更具人文关怀和逻辑连贯性。

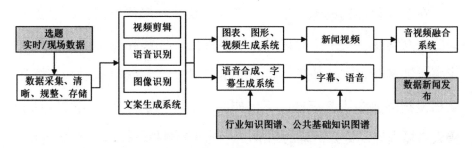

图 2　数据新闻智能制作框架图[②]

2. 个性化推荐系统

AI 的大数据分析和算法推荐技术使主持人能够精准掌握观众的兴趣偏好，优化节目内容，提高用户黏性。[③] 以往，主持人主要依赖收视率和观众反馈来调整节目风格，而 AI 技术能够提供更精准的用户画像分析。例如，它可以分析观众观看时长、互动频率，预测受欢迎的节目类型；追踪社交媒体讨论热点，为主持人提供选题方向；还能够根据不同观众群体推荐个性化内容，提升节目的精准传播。在短视频和直播平台，主持人可以借助 AI 的推荐算法优化视频剪辑、

---

① 郭琳 . "AI 主播" 技术挑战下新闻主播传播角色重构与策略优化研究 [J]. 新闻爱好者，2019（8）：30–33.

② 孙苏川，关丽霞 . 广播电视人工智能应用白皮书 [R]. 国家广播电视总局科技司，2019.

③ 龚潇潇，蒋雪涛，玉胜贤 .AI 虚拟主播角色与产品类型对消费者购买意愿的交互影响研究 [J]. 管理学报，2024，21（9）：1373–1381.

调整播报节奏，甚至在直播过程中根据实时观众数据调整话题方向，提高观众互动率。

3. 实时翻译与字幕生成

在全球化传播的趋势下，主持人需要具备多语言能力，以扩大国际观众群体。[①]AI自动翻译技术使主持人能够在国际会议、跨文化交流等场合更高效地进行传播。AI字幕生成系统可自动为直播和录播视频添加多语言字幕；不仅如此，语音识别技术可实时转录主持人口播内容，提升字幕的精准度；同时机器翻译技术（如 DeepL、Google Translate）可提供跨语言即时翻译，帮助主持人拓展国际市场。对双语主持人而言，AI辅助翻译不仅提高了信息传播的效率，还降低了跨文化沟通的难度，使主持人能更专注于内容的表达。

4. 智能剪辑与内容优化

短视频和新媒体内容对制作效率和视觉冲击力的要求更高，AI智能剪辑技术可帮助主持人快速编辑视频，提高传播效率。传统的节目制作需要长时间剪辑、调色和后期制作，而AI技术可以自动识别视频中的关键内容，智能剪辑成高亮片段；可以通过面部识别、语音检测等功能优化画面与音效；还能根据用户观看数据优化视频节奏，提高用户留存率。例如，许多短视频创作者已开始使用AI驱动的剪辑工具（如 Adobe Premiere Pro 的 AI剪辑助手），自动调整视频长短、字幕和背景音乐，使内容更具吸引力。对主持人而言，

---

① 路小静，江翠平，姚永春.AI驱动下的国际传播变革：新型主流媒体的应对与适应策略[J].出版广角，2024（10）：50-55.

掌握这些 AI 工具的使用方法，意味着自己能够更灵活地适应新媒体传播的节奏，提升个人品牌的影响力。

（三）真人主持与 AI 技术的竞争与协作模式

人工智能技术的崛起为主持行业带来了革命性的变化，尤其在自动化播报、新闻生成和虚拟主持等领域，AI 技术正在取代部分基础性工作。[①] 然而，AI 在个性化表达、情感共鸣和深度思考方面仍存在局限，真人主持人若能充分利用 AI 技术，并在自身能力方面进行优化，将能够在新媒体环境中保持竞争优势。

个性化表达是真人主持人的核心竞争力之一。AI 合成主持人在语音表达上往往呈现出标准化、缺乏个性的特点，而真人主持可以通过独特的语言风格、表达方式和情感共鸣增强观众体验。[②] 例如，在新闻播报中，真人主持人不仅需要准确传递信息，还需要通过语调、节奏和肢体语言来影响观众的理解和情绪。面对 AI 生成的标准化播报，真人主持人可以通过强化个性化表达，使自身更具辨识度，形成独特的品牌价值。

在专业深度方面，AI 可以快速检索和整理信息，但缺乏深入解读和批判性分析能力。主持人可以通过深入学习某一领域，如财经、科技、文化等，提高行业洞察力，并在节目中提供更具权威性的内容。

①　郑子睿，孙昊.AI 主播的平台实践、技术演绎与伦理审视 [J]. 中国广播电视学刊，2023（9）：75–78.

②　高贵武，赵行知.进化与异化:AI 合成主播的言说困境[J].新闻与传播评论，2023,76(2)：5–16.

例如，财经主持人需要具备经济学、市场分析和投资逻辑的知识储备，以确保在直播访谈或财经新闻解读中提供有价值的专业见解。相比AI自动生成的财经数据解读，真人主持人可以结合行业趋势、政策变动和市场情绪进行更深入的分析，从而增强观众的信任感。

互动能力的提升也是传统主持人需要关注的重要方向。AI在与观众的交互过程中往往局限于预设程序[①]，而真人主持人可以通过即兴发挥、情感调动和观众反馈来增强互动性。在直播平台中，主持人不仅要具备良好的语言表达能力，还需要根据观众的实时提问调整话题，创造更具沉浸感的观看体验。例如，在新闻访谈直播中，主持人可以根据观众的提问引导嘉宾深入讨论，而AI主持人则难以做到这一点。

AI技术的广泛应用还使内容生产效率大幅提升，主持人需要学会利用AI辅助工具优化自身的内容创作流程。智能写稿工具可以帮助主持人快速整理新闻素材、撰写采访提纲，提高工作效率；AI剪辑软件可以自动识别关键片段，提高短视频制作的质量和速度；大数据分析工具则能提供受众偏好和点击率反馈，帮助主持人优化内容选题。例如，短视频平台的算法可以帮助主持人分析观众的观看行为，并调整内容策略，以增强传播效果。

此外，真人主持人可以通过跨界融合发展拓宽职业边界，避免

---

① 徐铭昊．智能化时代AI虚拟主播发展的挑战与出路[J]．传媒，2023（21）：53-55．

被行业变革淘汰。[①]随着短视频、直播电商和社交媒体的兴起，主持人的职业身份不再局限于传统电视和广播，而是可以延伸到多个领域。短视频平台为主持人提供了个性化传播的机会，使其能够以独立创作者的身份进行内容输出；直播电商的兴起让主持人具备了商业变现能力，既可以进行产品推广，也可以通过品牌合作拓展市场影响力；影视和配音行业则为主持人提供了更多声音塑造和表演表达的机会，如许多知名主持人开始涉足影视配音、文化访谈甚至电影解说，以适应行业的多元化发展。

在 AI 时代，真人主持若能充分发挥自身的个性化表达、专业深度和互动能力，同时掌握 AI 工具以优化内容生产，并拓宽跨界融合的发展路径，将能够在行业竞争中保持领先地位。这一趋势不仅有助于提升主持人的职业适应力，也能推动传媒行业实现更具人文价值的智能化发展。

（四）AI 技术审美能力提升需求

AI 技术的迅速发展，不仅改变了信息传播的效率，也对主持行业的审美能力提出了新的要求。随着 AI 合成主播、虚拟数字人、智能语音交互等技术的应用，主持人的职业能力不再仅仅依赖语言表达和信息传递，还需要在视觉形象、语音风格、内容策划等方面形成具有竞争力的个性化审美表达，以区别于高度标准化的 AI 播报模式。

---

① 吴锋，刘昭希. 人工智能主播历史沿革、应用现状及行业影响 [J]. 西南民族大学学报（人文社会科学版），2021，42（5）：174–183.

1.AI 合成主播的标准化与个性化审美差异

AI 合成主播的应用，使新闻播报、商业宣传、内容解读等领域的主持工作正在逐步实现自动化。[①] 例如，新华社推出的 AI 主播能够全天候进行新闻播报，并保持统一的语音风格和表情管理，使信息传播更加高效。然而，AI 主播的表达模式高度标准化，缺乏个性化的审美调性，使其在面对多元化的受众需求时，难以提供情感共鸣和个性表达。[②] 相比之下，人类主持人依靠丰富的情感表达、独特的语言风格和个性化形象塑造，能够赋予节目更高的审美价值。例如，《朗读者》节目的主持人董卿，以温柔而富有感染力的语言表达、端庄大气的仪态、精准的语音语调调控，使节目兼具文化深度与艺术美感。因此，在 AI 技术快速发展的背景下，主持人的审美能力将成为区分其与 AI 的关键竞争力，主持人必须强化个性化表达，提升自身的视觉形象管理能力和语言艺术魅力。

2. 主持人语音美学的升级

AI 语音合成技术已经能够模拟人类的语音语调，并结合深度学习模型调整语速、音调、重音，使播报效果更加自然。[③] 例如，谷歌的 WaveNet、微软的 TTS 等语音合成技术，已经能够根据文本语境调整语音表达，使其更加贴近真人发声。然而，这类技术仍然难以

① 廖文瑞. 数智时代虚拟数字人发展的理论映射与实践探索 [J]. 中国新闻传播研究，2024（2）：231–243.

② 张荻. 论虚拟主播的发展演进、行业影响与应用路径 [J]. 中国电视，2024（5）：94–99.

③ 吴锋，刘昭希. 人工智能主播历史沿革、应用现状及行业影响 [J]. 西南民族大学学报（人文社会科学版），2021，42（5）：174–183.

复刻人类语音的复杂性和审美层次，如语气变化、停顿艺术、韵律感、情感渲染等，仍是 AI 难以复制的核心要素。人类主持人需要在语言艺术训练中进一步提升自身的语音审美能力，强化声音塑造的感染力。例如，著名主持人白岩松在新闻播报中，以稳重而富有节奏感的语音风格，增强信息的公信力；而在央视节目《经典咏流传》中，主持人撒贝宁结合诗歌的韵律特点，调整语音节奏，使诗词的情感表达更加生动立体。在 AI 语音日益成熟的时代，主持人需要更精细地打磨语音美学，通过韵律、音色、音调等细节增强个性化表达，从而在听觉体验上区别于 AI 合成语音。

3. AI 辅助视觉形象设计与审美塑造

AI 不仅在语音合成方面实现突破，也在视觉形象管理方面发挥重要作用。[①] 虚拟数字人已经成为新闻、娱乐、直播等领域的新趋势，例如央视推出的虚拟主播"小 C"，能够基于 AI 算法实时调整表情，并进行自适应主持。这一趋势表明，主持人的视觉形象塑造不再仅仅依赖个人的外形条件，而是需要结合 AI 技术，进行更具个性化和品牌化的形象设计。在这一背景下，主持人需要提升自身的视觉审美能力，通过服装搭配、妆容管理、舞台仪态等增强自身视觉形象的吸引力。例如，在《国家宝藏》节目中，主持人张国立采用端庄大气的服饰风格，与节目的人文气质相契合，增强文化氛围感；而综艺类主持人何炅则擅长通过不同场景调整服饰与表达风格，以适

---

①　郭全中，黄武锋.AI 能力：虚拟主播的演进、关键与趋势 [J].新闻爱好者，2022（7）：7-10.

应各种节目类型。[①]未来，主持人不仅需要借助 AI 优化视觉形象管理，还需结合自身特色，塑造独特的个人品牌，使自己在视觉层面上形成难以替代的个性化优势。

4. AI 时代的内容策划与美学表达

除了语音和视觉，主持人还需要在内容策划中融入更多的美学元素，以区别于 AI 生成内容的机械化表达。AI 可以基于大数据生成新闻稿件、分析热点趋势，但缺乏人类对情感、文化、审美的理解能力。例如，GPT-4 等生成式 AI 虽然能够高效撰写新闻报道，但其表达方式往往缺少文学性和情感深度。相比之下，人类主持人在内容表达上更擅长融入叙事结构、情绪铺陈、艺术化表达，使信息传播更具感染力。例如，央视《经典咏流传》节目中，主持人在串联过程中，融入诗意化表达，使节目不仅成为一场音乐与诗歌的融合，更成为一种绝佳的审美体验；《圆桌派》则通过主持人和嘉宾的深度对话，构建一种知识性的美学表达方式，使观众在获取信息的同时，也能感受到思维的美感。因此，主持人需要在内容策划中更加注重美学表达，强化叙事技巧、情绪渲染、视觉呈现，使内容更具艺术性与文化价值。

5. 未来主持人职业发展的审美能力构建

在 AI 技术不断发展的未来，主持人的核心竞争力将更多体现在审美能力的塑造上。首先，主持人需要强化声音美学训练，通过精

---

① 李菲. 全媒体时代广播主持人的身份转换 [J]. 传媒发展，2022（1）：54-57.

准的语音节奏、音色调控、停顿设计，使语言表达更具层次感和感染力。其次，视觉形象管理成为关键，主持人需要通过 AI 辅助优化自身的形象风格，并结合个人特色，形成品牌化的视觉识别度。最后，主持人在内容策划中需要增强叙事美学，提升表达的文学性、情感深度，使内容传播更具艺术性和观众共鸣力。未来，主持行业的竞争将不仅仅是技术能力的比拼，而是围绕"技术 + 美学"的整合发展展开。主持人需要借助 AI 技术提升自身在表达、视觉、内容策划等方面的审美能力，使其成为人工智能难以取代的核心竞争力。在这一过程中，播音与主持教育也需调整课程体系，引入美学训练、影像设计、声音雕塑等新课程，培养具备高度审美素养的复合型主持人才，以适应技术变革带来的行业挑战和机遇。

二、元宇宙与虚拟主播的崛起

（一）虚拟主播的技术实现

随着人工智能、虚拟现实、增强现实等技术的飞速发展，虚拟主播逐渐成为新媒体传播的重要角色。近年来，元宇宙概念的兴起推动了虚拟主播的技术革新，使其从单纯的预设动画形象进化为智能化、拟人化的"数字人"，广泛应用于新闻播报、娱乐综艺、品牌代言、直播带货等领域。

1.数字人建模与动画渲染

现代虚拟主播采用高精度的三维建模技术进行形象设计，并结合光线追踪（Ray Tracing）等渲染技术，使其外观更加逼真。动作捕捉（Motion Capture）和表情追踪（Facial Recognition）的应用，使虚拟主播可以同步模仿真人主持人的肢体语言与表情，提高互动的真实性。

2. AI 语音合成与自然语言处理

依托深度学习和自然语言处理技术，虚拟主播能够实现自主语音合成、智能对话，甚至可以模仿真人主持人的语气、情绪和风格。例如，新华社的 AI 合成主播"新小微"可以分析新闻热点，自动生成播报内容，并进行个性化播报。

3. 虚拟现实与增强现实

VR 和 AR 技术的结合，使虚拟主播可以出现在沉浸式的虚拟环境中。例如，在元宇宙发布会、虚拟演唱会、在线教育平台等场景中，虚拟主播可以以 3D 形态与真人嘉宾互动，提高用户的参与感和沉浸感。[①]此外，部分品牌已利用 AR 技术，在真人主持与虚拟主播同框的直播带货中增强视觉表现效果，以提升商品展示的吸引力。

（二）虚拟主播的市场定位与商业价值

虚拟主播已经从单纯的技术实验转变为实际商业应用，并逐渐在多个领域中建立了稳定的市场定位。当前，虚拟主播主要活跃于娱乐、新闻播报、直播电商、品牌推广、在线教育等行业，其商业价值体现在提高传播效率、降低人力成本、增强品牌个性化等方面。AI 合成主播是一种基于人工智能技术构建的虚拟主持人，其核心在

---

① JONES M.Media Economy and Platform Evolution in the Digital Age[J].International Journal of Media Economics，2023，15（2）：85-92.

于通过深度学习算法提取真人主播的声音特征、唇形运动、表情变化及肢体动作，并结合语音合成、面部表情建模、动态捕捉等技术，实现高度逼真的播报效果。这类合成主播不仅能够模仿真人的语言节奏和播报风格，还能根据输入的文本或数据，生成符合新闻标准的播报内容。

自 2018 年 11 月 7 日，在第五届世界互联网大会上，搜狗与新华社联合推出全球首个全仿真智能 AI 主持人以来，AI 合成主播技术不断进化。该虚拟主播通过语音合成、唇形匹配和表情建模，实现了与真人高度相似的播报能力。随后，2019 年 2 月，"新小浩"技术得到优化，升级为具备丰富肢体动作的"站立式播报"模式。同年 3 月，全球首个 AI 合成女主播"新小萌"正式亮相，为虚拟主持技术的多样化发展提供了新方向。2020 年 5 月，全国"两会"召开前夕，全球首位 3D 版 AI 合成主播"新小微"问世，以更加立体、逼真的形象提升了新闻播报的沉浸感。到了 2025 年春节期间，《杭州新闻联播》启用 AI 主持人，实现了零失误、自然流畅的播报效果，进一步彰显了人工智能技术在新闻行业的广泛应用前景。虚拟主播能够全天候工作，提高新闻生产效率。新华社、央视等机构已经推出 AI 合成主播，承担部分新闻播报任务，并与真人主持人形成互补。虚拟主播不仅能够实现精准、标准化的新闻输出，还可以根据用户数据个性化调整报道风格，提高信息的触达率。[①]

---

① 郑子睿，孙昊 .AI 主播的平台实践、技术演绎与伦理审视 [J]. 中国广播电视学刊，2023（9）：75-78.

AI 合成主播的应用极大提升了新闻制作的效率，降低了人工成本，并为媒体行业提供了更加灵活的播报解决方案。在日常新闻报道中，AI 合成主播可全天候运行，无须休息，确保了内容生产的连续性。同时，在突发新闻事件中，AI 合成主播能够在极短时间内完成视频制作和播报，提高了信息的时效性和传播覆盖范围。随着人工智能技术的持续进步，AI 合成主播的表现将更加自然、智能，并在新闻播报、教育培训、企业宣传等多个领域发挥更广泛的作用。

在娱乐产业，虚拟主播作为新一代偶像，与真人明星并行发展。例如，VTuber（Virtual YouTuber）产业在日本、韩国及欧美市场蓬勃发展，如 Kizuna AI（绊爱）、A-Soul 等虚拟偶像通过直播、短视频、游戏解说等形式建立起庞大的粉丝群体，并通过广告代言、付费内容等途径获得收益，构建起商业化模式。虚拟主播可以不受时间和空间的限制，并通过人工智能优化内容，使其长期保持高质量的互动体验。

在直播电商中，虚拟主播逐渐成为新兴的销售角色。例如，在淘宝、京东、天猫等电商平台，部分品牌已经采用 AI 虚拟主播进行 24 小时直播，不仅能降低真人主播的工作强度，还可以通过大数据分析观众兴趣，精准推送商品。虚拟主播在直播带货中的优势在于，可以根据观众需求实时调整推荐逻辑，提高用户黏性和购买转化率。[1]

在品牌营销方面，虚拟主播成为许多国际品牌的推广工具。例如，

---

[1] 徐铭昊. 智能化时代 AI 虚拟主播发展的挑战与出路 [J]. 传媒，2023（21）：53-55.

耐克、LV、欧莱雅等品牌已经推出专属的虚拟代言人，用于广告宣传和社交媒体运营。虚拟主播的形象可以根据品牌需求随时调整，并保持长期的品牌一致性，从而增强消费者对品牌的认同感。[①]

此外，在线教育领域，虚拟主播可以作为 AI 教师或课程助理，帮助主持人更高效地进行知识传播。例如，一些在线学习平台已经开始使用虚拟教师进行语言教学、知识科普，并通过智能推荐系统提供个性化学习路径。这种模式不仅提高了教学效率，还拓宽了主持人在教育行业的发展空间。

（三）观众对虚拟主持人与真人主持人的接受度分析

尽管虚拟主播在各个领域的应用逐步拓展，但观众对于虚拟主持人与真人主持人仍存在不同的接受度。研究表明，观众在新闻播报、财经解读、文化访谈等高专业度场景中仍然更倾向于真人主持人，而在娱乐、游戏、短视频等轻松场合中，对虚拟主播的接受度更高。

在新闻领域，观众通常希望主持人具备深厚的专业素养和临场判断能力，能够灵活应对突发事件，因此传统新闻主持人的公信力仍然较强。然而，对于标准化新闻播报，如天气预报、股市指数、赛事简报等，AI 虚拟主播的精准性和高效性使其得到了较高的接受度。

在综艺娱乐节目中，观众更偏好个性化、互动性强的主持风格。虚拟主播虽然能够模拟幽默感和互动方式，但相比真人主持人仍缺

---

① 郭全中，黄武锋.AI能力：虚拟主播的演进、关键与趋势[J].新闻爱好者，2022（7）：7-10.

乏真实的情感共鸣。在访谈节目中，观众更倾向于具有个人魅力、能引导对话氛围的真人主持人，而非完全信赖 AI。

在直播电商和短视频内容中，虚拟主播的接受度正在上升。许多年轻消费者认为，AI 虚拟主播可以提供持续性的内容输出，并减少真人主播带来的情绪化影响。然而，研究也发现，许多用户仍然认为真人主播在带货时能够传递更真实的产品体验，增强消费者信任度。

对于元宇宙场景下的虚拟主持，目前观众的接受度较为分化。一部分观众认为，虚拟主持人在沉浸式体验、互动游戏、虚拟演唱会等方面具有创新性，但在传统电视节目、政务活动、文化论坛等正式场合，虚拟主播的权威性和信任度仍然不及真人主持。

（四）元宇宙时代主持人的职业发展新机遇

元宇宙技术的快速发展为主持人提供了前所未有的职业发展新机遇。随着虚拟现实、增强现实、人工智能等技术的深度融合，主持行业正逐步进入"虚拟+真人"协同发展的新阶段。然而，正因人机交互的比重逐步增加，人与人之间的真实交流反而减少，这使真人主持人不仅要适应技术革新，更要重新思考自身在媒介环境中的核心价值——如何在高度数字化、碎片化的传播生态中，充当人与人之间沟通的桥梁，并打磨语言艺术，以增强信息传递的温度和感染力。

首先，主持人的技能需求正在发生深刻变化。在元宇宙环境下，主持人需要掌握虚拟形象管理、AI内容创作、数字场景交互等新技术，以适应未来的传播环境。这意味着，未来的主持人不仅需要具备优秀的语言表达能力，还要熟练掌握虚拟人建模、情感计算、数据分析等多项技能，以便在不同媒介之间自由切换。例如，虚拟主持人形象的塑造将成为新的审美表达方式，主持人需要通过数字服饰、手势语言、表情管理等细节设计，使自身的虚拟形象更具辨识度和情感表达力，增强受众的代入感。

其次，真人主持如何在虚拟时代强化人与人之间的沟通，成为行业新的核心命题。随着 AI 技术的发展，越来越多的新闻播报、教育讲解甚至娱乐节目开始采用合成 AI 主持人，这使与受众的社交互动更多依赖机器算法，人与人之间的真实交流逐渐减少。因此，真人主持人需要更具情感感染力，能够在人与人之间搭建有效的沟通桥梁，使观众产生真正的情感共鸣。例如，在虚拟会议、远程教育、元宇宙社交空间中，真人主持人可以通过有温度的语言、恰当的语气停顿、自然的肢体语言等方式，让信息传递更具人性化。尤其在面对重大社会议题或情感性强的新闻事件时，真人主持人的存在不可替代，因为他们能够通过充满同理心和情感共鸣的表达方式，调动受众的感知，使沟通更加真实且深刻。

最后，跨平台主持成为主流趋势。随着数字媒体生态的快速变迁，主持人不再局限于单一平台，而是需要在短视频、直播、元宇宙场景、社交媒体等多个平台间灵活切换，并利用 AI 技术优化传播效率。例如，新闻主持人可以在 B 站、抖音、微博等短视频平台上进行新闻解读，利用 3D 虚拟空间进行沉浸式访谈，以迎合年轻观众的碎片化信息消费习惯。但无论技术如何发展，人与人之间的沟通质量仍然取决于主持人如何精准使用语言艺术，调整语速、强调重点、创造节奏感，以确保信息在快速传播中不失深度。在此过程中，主持人不仅需要高效传递内容，更要通过巧妙的语言技巧，打破屏幕阻隔，增强观众的沉浸感和信任度。

主持人与 AI 技术的结合将进一步深化，而播音与主持艺术人才的培养也将更加倾向于技术与主持人素养的紧密结合。未来，真人主持人可以借助 AI 辅助自己进行内容创作，如智能提词、AI 剪辑、智能推荐等，以提升节目制作效率。AI 算法能够通过分析观众偏好，帮助主持人优化表达方式，例如调整语速、调整画面视觉元素，以提升观看体验。同时，AI 技术也将助力主持人进行更精准的内容个性化推荐，提高观众互动率。然而，AI 语音合成和虚拟主持人的普及，也意味着真人主持人必须进一步精进表达技巧，以展现 AI 无法复制的情感细腻度和人性化魅力。主持人可以通过故事化讲述、幽默化表达、情感化渲染等方式，让信息传递更具记忆点，使观众愿意长时间沉浸于节目内容中。

虚拟环境对主持人的审美要求进一步提高。在元宇宙中，主持人的形象不仅限于现实中的妆容与服饰管理，还涉及数字服饰、虚拟空间场景匹配、沉浸式色彩搭配等视觉美学因素。例如，虚拟活动中的主持人可以借助 3D 建模和光影渲染技术，塑造更具视觉冲击力的数字人形象，而在这一过程中，主持人自身的美学素养决定了最终形象的吸引力。在未来的元宇宙会议、虚拟综艺、数字展览等场中，主持人不仅需要利用 AI 技术优化自身形象，还需要在镜头语言、动作设计、场景构建等方面提升美学表达，使自己的虚拟身份更具辨识度和艺术感。在这一过程中，主持人对自身的审美修养要求将进一步提高，虚拟舞台的布景设计、色彩搭配、光影运用等都将成为主持人需要关注的要素。

目前，元宇宙中的虚拟活动主持已经成为新兴职业方向。随着元宇宙应用的拓展，主持人可以参与虚拟会议、数字发布会、在线教育、沉浸式体验项目等新兴领域。例如，在虚拟经济论坛中，AI 合成主持人可以实时解析数据，而真人主持人则可以通过个性化表达进行深度解读，两者形成互补关系，使新闻内容更具人文温度。此外，在虚拟演唱会、电竞赛事等活动中，主持人不仅需要掌握虚拟环境下的演讲技巧，还需具备较强的互动能力，使虚拟空间的交流更加自然流畅。例如，在 2023 年的一场全球电竞赛事中，主持人借助虚拟现实技术进入数字舞台，与虚拟角色实时互动，创造出高度沉浸式的观赛体验。

总体来看，元宇宙时代的主持行业将进入"技术 + 内容 + 美学 + 沟通"四者融合的新阶段。未来的主持人不仅需要保有传统的表达能力与沟通技巧，还需要不断学习新技术，探索数字化传播的新模式，提升自身的视觉审美能力、语音美学能力、虚拟交互能力、情感表达技巧，以在高度融合的传媒环境中保持竞争力。在人与机器互动增多、人与人真实交流减少的背景下，如何通过主持人的个性化表达、情感连接和精准语言艺术，使信息传递更具温度与影响力，将成为真人主持人未来发展的核心挑战与机遇。

第五节　主持人多维度能力和素养提升需求

在新时代传播环境下，主持人的职业责任不仅限于信息传递，更是政策宣传、意识形态引导、社会舆论塑造的重要力量。作为信息传播者，主持人必须具备坚定的政治素养，确保舆论引导正确、政策解读精准、国际传播有力，以促进中国特色社会主义核心价值观的传播与国家形象的塑造。党的新闻舆论工作是治国理政的重要组成部分，主持人作为新闻工作者，必须严格遵循马克思主义新闻观，坚持党的领导，围绕坚持和发展中国特色社会主义的根本任务开展工作。

一、政治素养：政策解读与国际事务分析能力

政治素养是我国主持人最核心的职业素养之一，是确保新闻舆论工作始终坚持党性原则、正确政治方向、正确舆论导向的关键。主持人必须具备政策理解能力、时事分析能力、国际事务洞察能力，并能在复杂的舆论环境下，准确解读党和政府的方针政策，为全国人民提供权威、科学、理性的政策分析。

党的十九大以来，我国更加注重舆论阵地的建设，要求媒体工作者提高"四力"（脚力、眼力、脑力、笔力），不断提升政治站位，

加强主流媒体在舆论引导中的作用。主持人作为国家传媒工作的重要一环，必须在政治信仰、理论素养、传播能力、国际传播等方面不断加强自身建设。[①]

（一）政治主持人需要具备的专业素养

在中国特色社会主义新闻传播体系中，政治主持人不仅是新闻事件的报道者，更是国家政策的传达者、党的声音的诠释者，必须具备高度的政治素养和新闻职业操守。首先，主持人要坚定政治信仰，坚持党的领导，牢固树立"四个意识"，坚定"四个自信"，做到"两个维护"，确保在任何传播活动中都能准确传达党的路线方针政策，避免任何偏差和误导。[②]其次，一方面，主持人必须准确把握舆论导向，无论是在新闻播报、访谈节目、政策解读还是国际事务评论中，都必须始终确保舆论方向符合中国特色社会主义意识形态，抵制错误思潮和外部舆论操控。[③]另一方面，主持人还需具备较高的马克思主义理论素养，深入学习党和国家的政策法规，确保政策解读的权威性、精准性和可理解性，使公众能够更好地接受国家政策，提高国家治理的公信力和影响力。[④]再次，在国际化背景下，政治主持人

① 刘涛，王晓东.美国 STEM 人才培养战略探析：基于美国国家科学基金会两份五年战略规划的分析 [J].教育发展研究，2024（1）：45-52.

② 赵彬，郑宇.教育强国背景下本科及以上职业教育发展逻辑、困境和路径 [J].教育经济与管理，2024（5）：89-96.

③ 李明.以精准服务为指向的博物馆观众大数据：内涵、价值与挑战 [J].现代传播，2021（6）：12-18.

④ 王成，叶伟.高等职业教育高质量发展指数的指标体系构建：基于 70 份政策文本的NVivo 质性分析 [J].教育政策研究，2023（11）：50-61.

还需具备全球视野和国际传播能力，能够用中国话语体系向世界讲好中国故事，提高我国在国际舆论场中的话语权；同时具备批判性思维，以应对国际传播环境中的复杂舆论挑战，反驳西方媒体的不实报道和意识形态攻击。①最后，主持人必须遵守严格的新闻传播纪律，确保所有信息的传播符合党的宣传要求，防止信息误读、错误引导和低俗化内容的扩散，始终保持政治清醒，确保党和国家的声音以最权威、最有力的方式传递给社会大众。②

（二）政策解读对主持人的重要性

政策解读是政治主持人核心的职责之一，其影响力直接关系到党和政府政策的有效传播和社会认同度。主持人不仅要准确传达政策内容，还需深入剖析政策背景、核心要点、实施路径，使政策能够被公众正确理解和接受。政策解读的重要性主要体现在以下几方面。

首先，主持人是政策传播的桥梁，确保党和政府的各项政策能够精准、高效地触达大众。国家政策的实施涉及经济、社会、民生等多个领域，主持人需要具备高度的政策敏感度，能够结合社会实际，深入剖析政策实施的意义，使政策宣传更加贴近公众需求。其次，政策解读能够提升政策影响力，增强社会认同感。通过主持人的分

① 徐凯.新媒体语境下传媒经济发展的新思维探究：评《智媒时代的传媒经济学》[J].传媒经济，2024（3）：27–32.

② 孙健.通用式媒介技术驱动下的传媒经济研究的现状与走势[J].传媒发展，2022（12）：41–47.

析和解读，公众能够更深入地了解政策出台的背景和目标，从而提高政策执行的效率和公众的支持度。最后，面对复杂的国际舆论环境，主持人还需具备较强的舆论引导能力，能够以理性、客观、科学的方式回应不同观点，确保国家政策的正面传播，避免舆论误导和错误解读，维护国家形象和社会稳定。

（三）国际事务主持的核心能力要求

在全球化进程加快的背景下，中国在国际事务中的影响力日益增强，国际传播成为中国塑造全球形象、提升话语权的重要手段。国际事务主持人承担着中国声音的全球传播任务，必须具备一系列核心能力，以确保中国话语体系在国际舆论场中占据主导地位。①

第一，主持人需要熟练掌握中国特色外交政策，能够准确解读全球治理理念、人类命运共同体思想、"一带一路"倡议等国家战略，并在国际传播中有效表达中国立场，增强国际受众对中国政策的理解和认同。

第二，国际事务主持人必须具备出色的跨文化传播能力，熟练掌握多语种表达，能够运用不同媒介平台，以适应全球受众的多元化需求，确保传播内容的可接受性。

第三，面对西方媒体的舆论攻击与偏见，主持人需具备较强的国际舆论引导能力，能够通过专业的语言、真实的数据、权威的专家观点，精准反驳错误言论，捍卫国家形象，维护国家利益。另外，

① 李雪，周鹏.教育强国背景下本科及以上职业教育发展逻辑、困境和路径[J].职业教育改革，2024（3）：33-41.

主持人还需深谙国际新闻报道的规范，能够灵活运用国际传播技巧，使中国故事更具说服力、感染力和影响力，在全球舆论竞争中抢占先机，增强国家软实力。

（四）通过课程学习提升政治素养

面对新时代传媒行业对主持人的政治素养要求，主持人培养需要加强思想政治学习课程，提升自身理论修养和实践能力，以更好地服务于党和国家的宣传事业。首先，主持人应深入学习马克思主义新闻观，通过党校培训、接受红色教育、开展国家政策研究等方式，加强理论修养，提高政治觉悟，确保自身能够精准理解党的理论创新成果，正确解读国家政策。其次，主持人要紧跟国家时政动态，密切关注中央文件、政府工作报告等，确保对党和国家的最新政策保持高度敏感，使自己的政策解读能够符合国家最新战略要求，确保信息的时效性和准确性。

不仅如此，主持人还需拓展国际政治经济知识，主动学习国际关系、全球经济治理等内容，以提高自身的国际传播能力，使自己在国际舆论环境中具备更强的话语权，更加自信、从容地应对国际传播挑战。在此基础上，主持人还应积极参与政策解读节目、政府发布会、新闻论坛等实践活动，以增强自身的舆论引导能力，提高政策传播的专业水平，使自己的政策解读更具权威性和可信度。通过系统化的学习和实战积累，主持人能够不断提升自身政治素养，进而在传媒行业中发挥更大的社会影响力，确保党的声音能够得到更广泛、更深远的传播。

二、专业能力提升：对传媒市场的适应能力

（一）语言表达：不同媒介对主持人的适应性要求

在传媒市场的不断演变中，主持人的语言表达能力成为适应不同媒介环境的重要核心技能。传统广播电视时代，主持人主要通过标准化、规范化的语言表达来确保信息的准确性和传播的严肃性。然而，在新媒体时代，短视频、直播、社交平台等媒介的兴起对主持人的语言风格提出了新的适应要求。主持人不仅需要掌握严谨的播报方式，还需要在不同的传播平台上灵活调整表达方式，以匹配不同受众的接受习惯。

电视新闻主持仍然强调标准普通话和严谨措辞，确保信息的权威性和公信力。然而，短视频平台则更加注重口语化、互动性和情感化表达。例如，许多新闻类短视频主持人在解读时事热点时，采取更具亲和力的方式，如使用比喻、类比等修辞手法，使复杂的政策解读更易于理解。研究表明，受众对新媒体主持人使用更具个性化和情感色彩的表达方式表现出更高的接受度，尤其是在知识科普、财经解读、时事评论等领域。

在广播媒体中，主持人需要通过音色、语调、停顿等语言技巧塑造氛围，增强听众的沉浸感。例如，新闻广播主持人往往采用沉稳、略带低频的语调，以增强新闻内容的严肃性，提升公信力；而娱乐类广播节目则强调节奏感和情绪调动，以提高听众的参与度。近年来，随着播客产业的兴起，广播主持人在表达方式上得以进一步拓展，

所涉内容涵盖社会热点、财经评论、心理咨询等多个领域，推动了广播媒介向多元化方向发展。

相较于广播和电视，短视频与直播的语言表达方式更加自由化。短视频主持人需要在极短时间内抓住受众的注意力，因此开场白往往具有较强的冲击力。例如，抖音、B 站上的科普类短视频主持人会采用"问题导入＋趣味设问＋解答"的方式，以激发观众的兴趣，并通过轻松幽默的语气增强用户黏性。此外，短视频平台的算法机制决定了用户的观看行为，因此主持人需要根据平台特性优化表达方式，以提高视频的推荐率和播放量。[①]

与此同时，直播平台主持人的表达方式更注重即时互动和受众参与。在直播带货、电竞解说、知识分享等场景中，主持人需要保持较高的情绪感染力，并通过与观众的实时交流增强互动性。研究发现，直播主持人在表达过程中使用口头禅、幽默元素以及夸张的情绪渲染，可以有效提升观众的观看时长和购买转化率。因此，直播主持人不仅要具备优秀的语言表达能力，还需要适应高速信息流的传播模式，具备随机应变的能力，以维持直播间的热度和互动效果。

此外，跨文化传播的需求也对主持人的语言表达能力提出了更高的要求。随着中国传媒行业国际化进程的加快，越来越多的主持人需要在国际会议、跨国论坛、外事活动等场合进行双语主持。在这样的语境下，主持人不仅需要熟练掌握英语、法语、西班牙语等

---

① 刘晨．传播行为经济研究何以可能：理论溯源、概念工具与研究范式 [J]. 新闻传播研究，2023（9）：102–115.

国际通用语言，还需要深刻理解不同文化背景下的语言习惯和沟通方式。例如，在欧美国家，主持人的表达通常较为直接，个人观点十分鲜明；而在东亚国家，主持人的语言风格更注重礼貌和含蓄。因此，国际化主持人需要在不同文化环境中灵活调整表达策略，以确保信息传播的精准性和有效性。

从传统广播电视的标准化表达，到新媒体平台的个性化沟通，再到国际传播中的跨文化适应，传媒市场对主持人的语言表达能力提出了更加多元化的要求。主持人需要不断提升自身的语言技巧，以适应不同媒介的传播模式。未来，随着人工智能语音技术的进步和受众偏好的进一步细化，主持人的语言表达方式将更加智能化和个性化。因此，主持人不仅要在传统语言技能上精进，还要充分运用数据分析、用户反馈和人工智能辅助工具，不断优化自身的表达风格，以更精准地捕捉不同媒介环境下的受众需求。

（二）内容策划：如何在不同类型节目中实现内容创新

内容策划在主持行业中扮演着至关重要的角色，特别是在媒介环境日益多元化的背景下，如何在不同类型的节目中实现内容创新，已成为主持人和节目制作人共同面临的挑战。传统节目内容策划主要依赖线性传播模式，强调信息的完整性和系统性，而在新媒体时代，受众的注意力越发碎片化，内容策划需要更具互动性、个性化和社交传播潜力，以适应不同媒介平台的需求。

在新闻类节目中，内容策划的创新主要体现在选题的多维度和表达方式的灵活性。传统新闻节目以严肃的时政报道为主，强调事实性和公信力，但随着短视频和社交媒体的发展，新闻节目逐渐向更具趣味性和故事性的方向转变。例如，某些新闻主播在策划内容时，不再局限于传统的播报形式，而是通过场景化叙述、短视频剪辑和数据可视化的方式，使新闻内容更加生动易懂。这种创新不仅提高了观众的接受度，也拓展了新闻节目的传播方式，使其能够在社交平台上形成更大的影响力。

综艺类节目在内容策划上的创新则更为多样化，其核心目标是提升节目的娱乐性和观赏价值。近年来，跨界综艺、真人秀、脱口秀等节目形式层出不穷，这不仅要求主持人具备较强的即兴反应能力，还要求节目策划团队不断创新内容。例如，《中国诗词大会》在传统文化节目基础上，加入了竞技和互动元素，使原本较为严肃的文化内容变得更具娱乐性和竞争性，吸引了更广泛的观众群体。此外，近年来兴起的沉浸式综艺，如《明星大侦探》，通过情景模拟和剧情推理，使观众在娱乐的同时也能参与其中，极大增强了节目的互动性和吸引力。

在知识科普类节目中，内容策划的创新重点在于如何让复杂的知识点变得易于理解，并符合不同受众的接受习惯。以科技类节目为例，传统的讲解方式往往较为学术化，受众接受门槛较高；而通过短视频、动画演示、案例分析等方式，主持人可以更加直观地呈现知识点。某些科普类短视频将科学概念与日常生活场景相结合，使内容更加贴近日常，增强了观众的理解力和兴趣度。此外，知识型直播也成为一种重要的内容策划趋势，主持人可以在直播中与观众实时互动，回答观众的问题，并通过案例分析和实践演示增强节目效果。这种形式不仅提升了知识传播的效率，也增强了受众的参与感和黏性。

在商业演出和品牌营销节目中，内容策划的创新重点在于如何精准传达品牌信息，同时保证节目的趣味性和观赏性。近年来，品牌方越来越倾向于与主持人合作，以提升品牌传播的影响力。在带货直播和商业推广活动中，主持人不仅需要清晰传达产品信息，还需要通过讲故事、场景化展示和互动游戏等方式，使内容更具吸引力。部分品牌还会与主持人共同策划定制化内容，如邀请主持人进行产品测评、实地探访或用户体验分享，以增强受众的信任感和购买意愿。

随着人工智能、大数据和虚拟现实等技术的发展，内容策划的创新也逐渐向智能化和沉浸式方向拓展。人工智能可以通过数据分析，精准预测观众的兴趣点，为主持人提供个性化的内容策划方案。例如，一些新闻机构已开始利用 AI 分析社交媒体上的热点话题，以便主持人在节目中及时回应公众关切的问题。此外，VR/AR 技术的应用，使主持人在内容策划中可以创造更具沉浸感的观看体验。例如，在体育赛事解说中，主持人可以借助 AR 技术，在虚拟场景中进行战术分析演示，使观众获得更加直观的理解。这些新技术的融合不仅提升了节目内容的质量，也增强了观众的沉浸感和互动体验。

总的来说，主持人的内容策划创新能力已成为推动节目质量和影响力提升的重要因素。从新闻、综艺、知识科普到商业演出，每种节目类型的内容策划都在不断适应新的媒介环境和观众需求。未来，随着媒介技术的进一步发展，内容策划将更加依赖数据驱动和观众互动，主持人则需要不断提升策划能力，善于利用新技术、新形式，以创造更具吸引力的内容，满足不同受众群体的需求。

（三）现场控场能力：突发事件应对与即兴表达训练

在主持行业中，现场控场能力不仅是一项核心技能，更是主持人能否在不同场景中稳定发挥的关键。无论是在新闻直播、综艺节目、商务论坛还是突发事件报道中，主持人都需要具备快速反应能力，确保节目或活动的顺利进行。在突发事件频发的媒体环境下，主持人的临场应变能力不仅决定了节目质量，还可能直接影响观众的情绪和舆论导向。

优秀的现场控场能力首先体现在对突发事件的处理上。在新闻直播中，突发事件往往要求主持人能够在短时间内整合信息，稳定情绪，并以专业的态度进行报道。例如，在发生重大自然灾害、政治突发事件或体育赛事中的突发状况时，主持人需要迅速获取最新信息，并在表达中做到准确、冷静、客观。部分主持人在突发事件报道中，能够迅速调整语气，使受众在接受信息的同时感受到安定感，避免引发不必要的社会恐慌。同时，突发新闻中的即兴表达也是关键，播音与主持艺术教育中所强调的广义备稿的意义在此刻得以凸显。主持人需要在没有提词器或提前准备稿件的情况下，基于有限的信息进行实时播报，这对其逻辑思维能力和语言组织能力提出了极高的要求。

在综艺类节目和娱乐直播中，控场能力更多体现在对节奏的掌控和观众情绪的调动上。综艺类主持人需要适应各种不可预测的现场状况，如嘉宾的临时失误、观众的意外参与、舞台设备故障等。出色的主持人往往能在这些突发状况下迅速找到合适的话题，引导现场情绪，使节目的氛围保持轻松愉快。例如，在大型娱乐晚会或选秀节目中，主持人不仅需要把控节奏，确保流程不被突发状况打乱，还要具备即兴幽默的能力和强大的心理承受能力，以缓解紧张的氛围，稳住局面，提高观众的参与感。这种能力不仅依赖主持人的经验积累，还需要长期的即兴表达训练。主持人可以通过进行不同情境下的语言练习，提高反应速度和话语精准度，从而建立自信心，遇事沉着不慌张。

即兴表达训练是提升主持人控场能力的重要手段。通过模拟新闻突发状况、随机访谈、无脚本脱口秀等方式，主持人可以不断训练自己在不同场景下的语言组织能力和逻辑表达能力。例如，在某些高级别的新闻主播培训中，学员会被要求在限定时间内针对突发新闻事件进行无预警播报，以提升其新闻敏感度和语言的精准度。此外，在综艺类节目或脱口秀主持培训中，主持人往往需要通过"即兴故事接龙"等训练方式，提升语言连贯性和故事创作能力。这些训练不仅能够增强主持人的语言流畅度，还能提高他们在正式场合中的应变能力。

如前面所提到的，面对突发情况时，主持人的心理素质同样至关重要。在体育赛事解说、直播购物、政务会议等场合中，主持人常常需要面对观众、嘉宾或场内技术问题所带来的不可预测性。例如，在一场国际新闻发布会的直播中，主持人可能需要在翻译失误、嘉宾临时缺席或网络信号中断的情况下，依然保持冷静，并迅速找到替代方案。优秀的主持人往往具备较强的抗压能力，在突发情况下能够迅速调整情绪，使场面回归有序。这种心理素质的培养，除了依赖经验积累，还可以通过长期的高压训练来获得，如在团队模拟中故意制造突发情况，以增强主持人的临场反应能力。

总体而言，现场控场能力是主持人职业发展的核心技能之一，它不仅体现在新闻直播和综艺类节目中，也贯穿各种不同的主持场合中。从信息整合能力、即兴表达技巧到心理素质的稳定性，每一项能力的提升都需要长期的训练和实战经验的积累。未来，随着人工智能辅助主持和虚拟现实直播等新技术的发展，主持人的控场能力将面临新的挑战，例如如何在虚拟直播间中保持观众的注意力，如何在 AI 生成新闻稿的基础上进行个性化表达等。因此，主持人不仅要在传统媒介环境下不断磨炼自己的控场能力，也需要适应新媒体和智能化发展的趋势，以确保自己的专业竞争力能够始终保持领先。

三、经济与金融知识：主持人的产业格局认知与市场分析能力

（一）掌握传媒产业市场结构与经济模式

在当前数字经济时代，传媒产业的市场结构发生了深刻变革，传统的广播电视模式逐渐向全媒体、多平台融合的方向发展。主持人作为传媒产业链中的重要环节，需要理解行业的发展逻辑，掌握

传媒市场的核心经济模式，以提升自身在行业中的竞争力。

　　传媒产业的市场结构主要包括内容生产、分发渠道、广告营销和用户运营四个核心环节。传统媒体时代，电视台、电台等机构主导内容生产和分发，而在新媒体环境下，短视频、直播平台、社交媒体等渠道成为主流，内容生态更加多元化。[①] 随着数字化技术的发展，传媒行业的营利模式也从单一的广告收入转向多元化，包括订阅制、IP 授权、电商直播、内容付费等。[②]

　　主持人作为内容生产者，需要理解媒体平台的经济模式，以适应市场变化。例如，在广告驱动的免费模式中，主持人需要提高自身的品牌价值，提升观众黏性，吸引更多商业合作。[③] 在内容付费模式下，主持人需提高内容的专业度和深度，以增强用户的付费意愿。

（二）理解经济趋势与金融格局

　　全球化与科技创新推动了经济体系的深刻变革，主持人需要具备基本的经济趋势判断力，才能更好地解读商业动态、财经政策及市场变动。在财经节目主持、政策解读、商业访谈等场景中，主持人不仅要具备流畅的表达能力，还需掌握全球经济形势、国家发展战略、产业趋势等关键内容。

---

① 王成，叶伟.高等职业教育高质量发展指数的指标体系构建：基于 70 份政策文本的 NVivo 质性分析 [J].教育政策研究，2023（11）：50–61.

② 徐凯.新媒体语境下传媒经济发展的新思维探究：评《智媒时代的传媒经济学》[J].传媒经济，2024（3）：27–32.

③ 赵彬，郑宇.教育强国背景下本科及以上职业教育发展逻辑、困境和路径 [J].教育经济与管理，2024（5）：89–96.

在经济周期的波动下，不同行业的增长模式各有不同，主持人需理解宏观经济对传媒行业的影响，例如经济下行时期广告市场的收缩可能会影响媒体机构的收入模式，进而影响主持人的职业机会。[①] 此外，金融市场的变动也会影响企业营销策略，进而影响主持人在商务主持、品牌合作、直播电商等领域的业务发展。

在全球视角下，主持人还需关注国际经济趋势，如美元加息对全球资本流动的影响、"一带一路"倡议如何推动中国企业出海、数字人民币在全球支付体系中的应用等。通过掌握这些经济知识，主持人可以在国际事务、商业论坛等场合表现得更具专业性，提升自身的价值。

（三）财经知识如何助力主持人的职业发展

财经类节目对主持人的专业素养要求极高，主持人需要具备金融市场基本知识、投资理财概念以及企业管理常识。例如，财经新闻主持人需熟悉股票市场、外汇市场、债券市场的基本运作机制，能够快速理解财经数据背后的逻辑，并进行清晰的表达。[②]

此外，财经知识对于其他类型的主持人也同样重要。例如，在商业访谈节目中，主持人需要具备企业运营、品牌营销、供应链管理等方面的基础知识，才能在与企业高管对话时提出有深度的问题，提升节目价值。在直播电商领域，主持人需要理解消费者心理、市

---

① 李菲.全媒体时代广播主持人的身份转换[J].传媒发展，2022（1）：54-57.

② 赵磊，孙媛.服务产业链为导向的应用型影视人才培养创新[J].影视艺术与教育，2023（9）：58-65.

场竞争格局、商品定价策略等，以提升直播的销售转化率。[①]

　　具备财经素养的主持人还可以更好地理解社会经济现象，提高新闻解读能力。例如，在讨论"消费升级"趋势时，主持人需要了解居民可支配收入增长、品牌高端化策略、产业升级等因素的相互作用，才能提供有逻辑的解读，增强观众对节目的信任度。[②]

（四）如何培养具备产业思维的主持人

　　培养具备产业思维的主持人，需要从教育体系、职业训练、行业实践等多方面入手。传媒院校应在课程设置中增加经济学、市场营销、金融基础等内容，使主持人在学习语言表达和传播学知识的同时，也能建立经济与产业的基本认知。[③]

　　经济学强调逻辑性、系统性和数据驱动思维，这对于主持人的信息整合和表达能力的提升具有重要价值。在新闻评论、专题报道、访谈节目中，主持人需要通过逻辑分析，将复杂的经济现象用通俗易懂的方式传达给观众。[④] 此外，经济学的供需理论、市场竞争理论等概念也可以帮助主持人理解传媒行业的竞争格局。例如，在短视频和直播市场中，主持人需要分析用户需求变化，判断哪些内容更具市场价值，以优化自身的内容策略。而数据分析能力也是主持人

---

① 刘晨 . 传播行为经济研究何以可能：理论溯源、概念工具与研究范式 [J]. 新闻传播研究，2023（9）：102-115.

② 王文艳 . 论人工智能时代职业主持人的传播优势 [J]. 传媒前沿，2020（6）：71-74.

③ 孙健 . 通用式媒介技术驱动下的传媒经济研究的现状与走势 [J]. 传媒发展，2022（12）：41-47.

④ 李丽 . 电视主持人的新传播新定位 [J]. 电视研究，2021（9）：44-47.

未来发展的关键。通过掌握基本的数据分析方法，主持人可以更精准地理解观众喜好、市场趋势，调整个人品牌发展策略。例如，通过分析社交媒体用户数据，主持人可以判断观众对不同类型节目的偏好，从而优化选题策划，增强传播效果。

在职业训练方面，主持人可以通过行业实践积累经济知识，如参加商业论坛、财经峰会、企业年会等活动，提高对市场的直观感知能力。此外，与企业高管、经济学家、投资机构的交流也能帮助主持人提升经济素养。[①]同时，主持人需要不断关注行业动态，培养长期的产业洞察力。例如，在直播带货行业，主持人不仅要掌握商品销售技巧，还要理解供应链管理、品牌策略、消费心理等内容，以增强自身的市场竞争力。具备产业思维的主持人将在全媒体时代占据更重要的位置，他们不仅能够胜任财经新闻、商业访谈等专业领域的工作，还能够在内容生产、品牌营销、商业合作等方面拓宽职业路径，确保自身在传媒行业中的核心竞争力。

四、逻辑思维训练：敏锐的决策力与语言组织能力

（一）逻辑表达对主持人的重要性

逻辑表达能力对主持人而言至关重要，特别是在决策和语言组织方面，它直接关系到节目质量、观众的接受度以及主持人本身的专业形象。在播音与主持领域，尤其是在新闻、访谈、辩论等节目

---

① 赵磊，孙媛 . 服务产业链为导向的应用型影视人才培养创新 [J]. 影视艺术与教育，2023（9）：58–65.

类型中，主持人必须具备清晰且敏锐的逻辑思维能力。主持人通过精准的逻辑表达，能够确保信息的准确传达和观点的严密性，从而使观众更容易理解复杂信息。逻辑清晰的表达不仅提升了观众的理解效率，还增强了主持人的公信力，这在提升节目的权威性和吸引力方面起到了重要作用。

在主持行业中，逻辑表达能力有着十分广泛的应用。无论在综艺节目、文化访谈中还是直播互动中，主持人都需具备灵活的逻辑思维和语言组织能力。在综艺节目中，主持人需要迅速整合嘉宾的观点，并通过清晰的语言梳理对话，使其观点表达更加流畅。良好的逻辑性能够确保不同嘉宾的意见得以有序地展示，同时保持节目的节奏感。而在直播互动中，主持人面对观众提出的各种问题，必须在瞬间做出反应，确保每个回答都能够逻辑自洽，同时兼顾幽默感与互动性，使节目更加生动和吸引人。

在涉及更复杂的社会议题时，主持人的逻辑表达能力显得尤为重要。比如在财经、科技或国际新闻类节目中，主持人需要通过严谨的逻辑推理，把抽象的经济政策、科技趋势等复杂内容转化为通俗易懂的信息，确保观众能够迅速把握核心要点。此外，在公共议题讨论中，主持人还需要具备敏锐的批判性思维，不仅能够发现矛盾点和潜在的逻辑漏洞，还能提出具有深度的追问，推动嘉宾和观众进行更深入的思考。这种基于逻辑严密性和决策敏锐度的表达能力，使主持人能够在复杂的信息流中穿梭自如，引导讨论走向更富有价值的深度。

总而言之，逻辑表达能力是主持人成功的基石之一，它不仅帮助主持人确保信息传递的高效与精准，还增强了观众的参与感和思考深度，提升了节目的整体品质。

（二）辩论训练提升思维敏捷度

辩论训练对主持人来说，是提升思维敏捷度和语言表达能力的重要手段。通过模拟不同观点的交锋，主持人可以锻炼快速反应、逻辑推理以及语言组织等多方面的能力。在面对复杂和快速变化的媒体环境时，这些技能显得尤为重要。

辩论训练的第一个益处是帮助主持人提高信息处理的效率。在辩论中，主持人需要在短时间内了解对方的论点，并将自己的观点与对方进行对比。这要求主持人不仅要有快速理解信息的能力，还要能够迅速提炼出关键信息并形成自己的立场。这种能力对于主持人在直播节目中面对突发新闻或即兴提问时做出准确反应至关重要。例如，在新闻直播中，主持人经常需要在几秒钟内获取信息并做出判断，辩论训练使他们能够在这种紧张的环境下迅速做出回应，确保信息的准确性和及时性。

辩论训练的第二个益处是能够培养主持人的批判性思维。批判性思维是辨析信息真伪、识别逻辑漏洞以及提出有效反驳的能力。在主持新闻访谈或政策解读类节目时，主持人往往需要对不同的观点进行筛选、分析和判断，提出有价值的问题。辩论训练能帮助主持人锻炼逻辑思维能力，通过严谨的逻辑分析去剖析问题，并巧妙地引导对话，推动嘉宾深入探讨相关问题，从而提升节目的专业性和深度。例如，在面对复杂的社会问题时，主持人通过辩论训练所形成的批判性思维，可以准确识别嘉宾话语中的漏洞并做出有效回应，使节目更具影响力。

辩论训练的第三个益处是能帮助主持人提高语言表达的条理性。在很多主持场合中，主持人需要在有限的时间内有效传达关键信息。通过辩论训练，主持人可以在信息表达时避免语无伦次或逻辑混乱，确保语言更加清晰、精准。例如，在讨论某一议题时，主持人可以通过辩论练习掌握如何简洁明了地传达自己的观点，使语言更加条理清晰，从而避免因表述不清而造成听众的误解或困惑。

由此可见，辩论训练不仅能提升主持人的思维敏捷度，还能够增强其在复杂场合下的反应能力、批判性思维以及语言表达的条理性。这些技能使主持人在面对各种突发事件时，能够做出高效且精准的回应，为观众提供更为专业和深刻的内容。

（三）逻辑训练提升公信力

公信力是主持人职业发展的核心竞争力之一，逻辑训练对于提升主持人的公信力具有重要作用。公信力不仅来源于主持人的专业形象和表达能力，更在于主持人能否提供有逻辑、有依据、有说服力的信息，引导观众做出理性判断。逻辑思维训练提升公信力的方式主要体现在以下几方面。

第一，逻辑清晰的表达方式能够增强主持人的权威感。在新闻报道、政策解读等节目中，主持人需要使用有理有据的论述方式，使观众在信息获取过程中，形成对节目所传递信息是真实、可信赖的认知印象。这种逻辑性强的表达能够增强观众对节目的信任，提升主持人的专业形象。

第二，逻辑训练能够帮助主持人提高对信息的甄别能力，确保传播内容的准确性。在当前信息碎片化的传播环境下，虚假信息、断章取义的报道屡见不鲜，主持人需要具备快速辨别事实真相的能力，确保所传播的信息准确无误，从而维护自身的公信力。

第三，逻辑训练还能帮助主持人增强观点的说服力。在主持辩论、对话、访谈等节目时，主持人需要通过逻辑严谨的推理，使自己的观点更加有力，以影响观众的认知。例如，在财经类节目中，主持人需要通过数据分析、市场趋势判断等方式，提供有理有据的解读，以增强观点的可信度。

第四，逻辑思维训练还能帮助主持人在面对挑战性问题时保持冷静，避免情绪化表达。一个公信力强的主持人，不仅需要具备扎实的专业知识，还需在面对争议话题或尖锐提问时，能够冷静、理性地进行回应，使讨论回归理性层面。

五、艺术审美：审美素养对主持人的影响

艺术修养对主持人语言表达的提升作用是全方位的，涵盖了在音乐、戏剧、美术、舞蹈等艺术领域的深刻影响，帮助主持人在语言表达上词汇更加丰富、语句更富有韵律感，并提升表现力与舞台表现。例如，音乐修养不仅培养了主持人的语音节奏感，还能帮助其更好地控制情绪和氛围，尤其是在广播创作和诗歌朗诵中，音乐

的节奏感和旋律感可以为语言赋予更多层次感和情绪性，令语言与音乐的结合呈现出和谐的美感。一个具备音乐修养的主持人，能够在语速、停顿、抑扬顿挫之间找到最适合的节奏，引导听众的情绪走向，让听众潜移默化地感受到语言的流动与情感的波动。

戏剧修养进一步增强了主持人的语言表现力和情感传递能力。通过戏剧化的训练，主持人能够提升情绪传递的能力，使自己能够在不同节目中灵活调整表达方式。例如，在影视配音中，戏剧性的节奏控制能够使角色更加生动、立体；而在动画配音中，戏剧性表现手法与画面的结合，则能够极大地增强观众的情感共鸣与代入感，提升节目的感染力。

美术修养对主持人语言形象的塑造具有重要作用。语言与视觉的结合常常能够形成强烈的画面感，而美术修养则帮助主持人通过精心的词汇选择与句式安排，构建语言的画面感，使抽象的信息转化为形象生动的表达。具有美术修养的主持人能够像艺术家一样，通过清晰的逻辑框架与细腻的语言表达，使听众在聆听过程中形成鲜明的视觉印象，增强记忆力和理解力。

舞蹈修养对于主持人的身体控制能力也有着至关重要的作用。优秀的主持人不仅在语言表达上游刃有余，还能将肢体语言与语言节奏相协调，避免不自然或过多的动作。舞蹈训练能帮助主持人更好地调整步伐和站姿，提升舞台表现力，使其在大型典礼、颁奖典礼等场合中展现出流畅且富有层次的个人风格。

艺术审美的提升进一步增强了主持人的个性魅力和感染力。具备艺术素养的主持人能够通过不同艺术形式的融合，为每一类型的节目赋予独特的表达方式，使自己在严肃新闻、娱乐综艺、文化讲解等场合中游刃有余，能够精准地塑造个人风格并吸引观众。艺术审美不仅增强了主持人的语言表现力，也提升了其与观众的情感连接，使观众感受到主持人的魅力，从而有效地增强节目的表现效果。

此外，不同艺术流派的影响也对主持人的艺术修养产生重要作用。例如，西方古典音乐的精致与严谨、现代戏剧的张力与表现、印象派绘画的色彩与氛围，都能为主持人提供不同的表达方式和创作灵感。在艺术修养的多元化影响下，主持人不仅能够在节目中展现更丰富的情感层次，还能通过跨艺术领域的融合提升语言的表现力和个性化风格，从而在竞争激烈的传媒环境中脱颖而出。通过结合不同艺术流派的独特风格，主持人可以更加精准地把握节目调性，更好地与观众建立情感连接，提升节目内容的吸引力和感染力。

综上所述，通过多维度艺术素养的培养，主持人能够在语言表达、情感传递、舞台表现等方面实现全面提升，形成更具个性化的主持风格，在激烈的行业竞争中保持竞争力。这种跨艺术领域的融合不仅丰富了主持人的表达方式，也增强了其对语言、情感、画面、舞台的掌控能力，最终使主持人在不同的传媒环境中脱颖而出。

第六节　主持人职业分类与人才培养方向调整

一、新闻主持：新闻类节目主持人的职业规范和风格变化

（一）新媒体时代新闻类节目主持人的职业规范

在数字化和信息传播高速发展的时代，新闻类节目主持人的职业规范正经历深刻的调整。过去，传统新闻主持人主要活跃于电视、广播等主流媒介，其职责主要集中于信息传递、新闻解读和社会议题讨论。然而，随着新媒体平台的兴起，新闻主持的职责边界不断拓宽，他们不仅需要承担新闻播报的基本任务，还需要适应短视频新闻、社交媒体新闻、直播新闻等多种传播形式。[①]

新媒体环境下，新闻类节目主持人的职业规范发生了以下变化：首先，在内容生产方面，主持人需要具备更强的内容策划和选题能力，能够在碎片化信息环境中提炼关键信息，以满足受众快速获取新闻的需求。其次，在表达方式上，相较于传统新闻播报的严肃性，新媒体新闻类节目主持人更强调亲和力与互动性，他们需要用更加生动、简练的语言风格拉近与受众的距离。最后，在信息核查与传播伦理方面，新闻类节目主持人仍需坚持新闻真实性原则，遵守国

[①] 李明. 以精准服务为指向的博物馆观众大数据：内涵、价值与挑战 [J]. 现代传播，2021（6）：12–18.

家新闻宣传纪律，确保新闻报道的公正性和准确性。①

（二）传统新闻主持人与新媒体新闻主持人的差异

传统新闻主持人与新媒体新闻主持人的核心区别，根植于媒介形态的变化，这种变化影响了新闻信息的传播方式、主持人的表达风格以及受众的互动模式。在大屏时代，以电视、广播为主的新闻传播方式强调权威性、规范性和线性传播逻辑，新闻主持人的角色主要是信息的传递者，注重官方立场的表达，确保内容的准确性与严谨性。② 相比之下，小屏时代的新媒体环境催生了一种去中心化、个性化、互动性更强的新闻主持风格，主持人不仅要具备专业新闻素养，还需兼具创作能力和品牌运营能力，以适应分众化、碎片化的信息传播生态。

1. 媒介形态的演变：大屏时代 VS 小屏时代

大屏时代的新闻传播以电视新闻节目为主，主持人通过标准化的播报语言，结合权威新闻机构的采编流程，向全国受众提供统一的信息内容。这一时期的新闻主持人需要遵循严格的表达规范，强调中立性、客观性，以营造严肃的新闻氛围。例如，央视《新闻联播》的主持人必须采用规范化的新闻语言，语速适中，表情端庄，以此

—————————

① 王成，叶伟 . 高等职业教育高质量发展指数的指标体系构建：基于 70 份政策文本的 NVivo 质性分析 [J]. 教育政策研究，2023（11）：50–61.

② 赵彬，郑宇 . 教育强国背景下本科及以上职业教育发展逻辑、困境和路径 [J]. 教育经济与管理，2024（5）：89–96.

保证新闻传播的权威性和公信力。①

小屏时代的新闻传播，则以社交媒体、短视频平台、移动新闻客户端为主导。新闻信息的生产与消费趋于个性化，新闻主持人不再只是单向传播的信息传递者，而是兼具内容策划、观点输出和用户互动功能的多面手。例如，抖音、B 站上的新闻解读类短视频中，主持人需要通过生动的语言、视觉化信息呈现方式，以及情感化表达，迅速吸引观众注意力，让受众在短短一分钟内理解新闻核心观点。②

2. 传播方式的变化：线性传播 VS 互动传播

传统新闻主持的传播逻辑是线性的，即新闻从新闻机构生产，再由主持人播报，最终传递给受众。整个过程强调专业机构的权威性，主持人的表达风格较为规范，避免情绪化或个人观点的过度介入。例如，《新闻 30 分》《焦点访谈》这类节目中，主持人需要在新闻播报时保持理性、克制的态度，不偏不倚地解读新闻事件，确保新闻的公正性和准确性。③

新媒体新闻主持的传播方式则更具互动性，受众可以通过发弹幕、评论、点赞等方式进行实时反馈，这种双向交流模式打破了传统的线性传播逻辑。例如，在微博新闻直播、抖音快讯等平台上，

① 李俊，王宁 . "产学研创" 教育平台构建融媒体创作人才培养 [J]. 传媒与教育，2023（7）：35–42.

② 孙健 . 通用式媒介技术驱动下的传媒经济研究的现状与走势 [J]. 传媒发展，2022（12）：41–47.

③ 李楠，王晓东 .OBE 教育理念下数字化评价体系构建研究 [J]. 高等教育研究，2024（5）：88–95.

新闻主持人不仅要播报新闻，还需根据观众的反馈进行实时调整，增强信息的传播效果。此外，新媒体主持人更倾向于使用个人化的表达方式，如结合时下流行语，情感化讲述新闻事件，以拉近与受众的心理距离。

3. 内容生产模式的变化：机构主导 VS 个体化运作

传统新闻主持依赖于电视台、广播电台等专业机构的采编流程，主持人主要承担新闻播报、评论分析等工作，其内容由专业团队策划和生产，主持人在表达时严格遵循新闻标准和话语体系。[①] 例如，央视的新闻栏目会由编导、记者、审稿人等多个岗位共同完成内容策划，确保播报内容的准确性和权威性，主持人仅作为新闻信息的最终呈现者。

相比之下，新媒体新闻主持人则需要具备自媒体运营能力，他们不仅是主持人，还是内容创作者和品牌经营者。许多新媒体新闻主持需要自行策划选题、撰写稿件、剪辑视频，并通过社交媒体进行推广。例如，在 B 站新闻科普领域，UP 主不仅要负责主持，还需要独立完成脚本策划、剪辑、后期制作，以适应去中心化新闻传播模式。

新媒体新闻主持的个体化运作模式，使新闻主持人可以更自由地选择内容方向，并建立个人品牌。然而，这种模式也意味着主持人需要承担更高的内容质量风险，一旦出现错误信息或不当言论，

---

① 赵彬，郑宇 . 教育强国背景下本科及以上职业教育发展逻辑、困境和路径 [J]. 教育经济与管理，2024（5）：89-96.

便可能面临公信力下降甚至被封禁的风险。因此，相较于传统新闻主持人，新媒体新闻主持人需要在内容创作与个人品牌管理之间寻求平衡。

（三）新闻直播、深度访谈与短视频新闻的主持风格差异

新闻直播、深度访谈、短视频新闻是三种主要的新闻传播形式，它们在信息呈现方式、主持人的表达风格、受众互动模式等方面存在显著差异。新闻直播强调即兴表达与信息时效性，深度访谈要求主持人具备深入的剖析能力，而短视频新闻则更注重快速传递信息和视觉冲击力。[①]

1. 新闻直播的主持风格：理性、即时、应变能力强

新闻直播是当前新闻报道中最直接、最及时的信息传递方式，主持人需要具备快速筛选信息、整理新闻脉络的能力，并能够以冷静、客观的态度向观众传递最新动态。例如，在重大突发事件直播报道中，对自然灾害、国际政治事件等，新闻主持人需要在有限的信息中快速组织语言，确保新闻的专业性和严谨性。例如，2020 年武汉抗疫新闻直播中，央视新闻主持人始终保持严谨、客观的报道风格，避免情绪化表达，以增强新闻的公信力。

2. 深度访谈的主持风格：思辨性强、互动性高、引导嘉宾深入探讨

深度访谈类新闻节目比新闻直播更具分析性和思辨性，主持人

---

① 李楠，王晓东 .OBE 教育理念下数字化评价体系构建研究 [J]. 高等教育研究，2024（5）：88-95.

的核心任务是引导嘉宾就特定社会议题进行深入讨论，如最新政策、经济发展趋势、国际关系等。相比于新闻直播，访谈主持人的表达方式更自然，互动性更强。例如，《面对面》《鲁豫有约》等访谈类节目强调主持人与嘉宾之间的深度对话，要求主持人具备精准提问的能力，同时善于倾听，以推动对话的深入。

3. 短视频新闻的主持风格：快速、个性化、视觉化呈现

短视频新闻是近年来新兴的新闻传播方式，强调高效的信息传递和个性化表达。短视频新闻的主持人需要在极短的时间内，用富有吸引力的语言风格和视觉元素，让受众迅速理解新闻核心。例如，抖音、B 站上的新闻短视频，通常使用动画、数据可视化等方式增强信息呈现效果，主持人的表达方式更加生活化、通俗化，以吸引年轻受众的关注。例如，"硬核的半佛仙人"在 B 站的新闻科普类短视频中，采用幽默调侃的风格进行政策解读，使新闻信息更具娱乐性和可传播性。

随着媒介环境的变革，新闻主持的风格正在向多元化、个性化方向发展。传统新闻主持人需要向新媒体转型，而新媒体新闻主持人则需要不断提升专业素养，以保持公信力和竞争力。

（四）国际化新闻主持人的培养意识

随着全球化进程的加快，中国新闻传播的国际化需求不断上升，国际化新闻主持人成为媒体行业的重要人才。国际化新闻主持人不仅要具备扎实的新闻业务能力，还需要熟练掌握国际传播话语体系，

能够在复杂的国际舆论环境中，维护国家形象、讲好中国故事。[1]

国际化新闻主持人的培养强调跨文化传播能力和全球视野。他们需要具备熟练的双语或多语表达能力，能够在国际新闻发布会、跨国论坛、双边会谈等场合胜任主持任务。此外，他们需要深刻理解中国的外交政策、国际政治格局以及全球热点议题，以在国际新闻报道中提供权威解读。例如，在"一带一路"国际合作论坛、APEC峰会等国际会议中，主持人不仅要准确传达会议核心信息，还需要能够回应西方媒体的质疑，提升中国在全球舆论场的影响力。[2]

此外，国际化新闻主持人还需要具备较强的跨文化交流能力，能够理解不同文化背景下的新闻传播方式，并能够根据不同国家受众的新闻接受习惯调整传播策略。例如，欧美受众更偏好数据化、逻辑性强的新闻解读方式，而亚洲受众则更倾向于情感化、故事化的表达方式。因此，国际化新闻主持人需要掌握不同地区的传播模式，以增强信息的可接受度和传播效果。

（五）新闻主持的未来发展趋势

新闻主持行业的未来发展趋势将继续向多元化、数字化、国际化方向推进。随着人工智能、数据新闻以及短视频新闻的崛起，新闻主持人将面临更广阔的工作模式扩展空间，他们需要熟练掌握智

---

[1] 李雪，周鹏.教育强国背景下本科及以上职业教育发展逻辑、困境和路径[J].职业教育改革，2024（3）：33-41.

[2] 李楠，王晓东.OBE教育理念下数字化评价体系构建研究[J].高等教育研究，2024（5）：88-95.

能新闻生产工具，如 AI 写作、自动化剪辑和实时数据分析等，以提高新闻传播效率。同时，主持人必须具备跨平台传播能力，能够在电视、网络、社交媒体等不同平台上进行新闻报道，以适应媒体融合发展的趋势。

然而，尽管新闻主持人的个人品牌化趋势日益显著，新闻主持人的形象塑造和公信力仍需谨慎处理。自媒体时代赋予主持人更多的自主权，他们不再仅仅是新闻的传播者，而是逐步成为个人 IP 的打造者。他们通过社交媒体、短视频平台等媒介建立个人影响力，并通过多渠道内容分发提高自身的传播效能，这的确能够为其增强市场竞争力，但也必须引起警觉。新闻主持人的核心竞争力在于其公信力和说服力，任何偏离客观、中立的表达方式都可能影响到他们的专业形象与公信力，进而影响观众对新闻内容的信任。因此，新闻主持人需要谨慎平衡个人品牌的塑造与其责任感，确保自己在社交平台上展现的个性与其专业形象相一致，以维护自己在新闻领域中的权威性。因此，在未来的媒体环境中，新闻主持人不仅要持续提升自身的专业素养和媒介素养，适应行业变革，还要时刻警惕个人品牌化所带来的潜在风险，确保自己在日益激烈的竞争中保持其社会影响力和公信力。

二、综艺主持：娱乐类节目主持人的市场竞争与变化

综艺主持人在娱乐产业中扮演着至关重要的角色，他们不仅是节目的组织者、调节者，更是观众情绪的引导者。随着传媒格局的

演变，综艺节目的类型日益丰富，综艺主持人需要不断调整自身的主持风格，以适应不同类型的节目需求，并在竞争激烈的市场环境中塑造个人品牌，确保自身的长期职业发展。

（一）综艺主持人与娱乐产业的结合

综艺主持人是娱乐产业生态链中的重要一环，他们的职业发展不仅依赖个人能力的提升，还深受娱乐产业整体趋势的影响。随着全球化、数字化和社交媒体的兴起，综艺主持人的角色逐渐从单一的节目主持向多元化、跨媒介方向发展。

在传统综艺节目中，主持人的主要职责是控场、串联节目内容、与嘉宾和观众互动。然而，在现代娱乐产业中，综艺主持人往往需要具备更强的内容创造能力，能够与制作团队共同策划节目，甚至在某些情况下直接参与节目的投资与制作。此外，随着综艺节目市场的国际化发展，许多主持人开始参与跨国综艺制作，通过跨文化传播扩大自身的影响力。[①]

（二）综艺节目的类型演变与主持人的风格变化

综艺节目在不同时代社会背景、技术发展和观众需求的推动下，经历了显著的演变。这一演变不仅体现在节目形式的多样化上，也直接影响了主持人的风格、表达方式以及其在节目中的角色定位。从 20 世纪末到 21 世纪初，电视综艺节目以访谈类、游戏竞技类和音乐选秀类为主，主持人通常采用正式、专业的主持风格，以突出

---

① 王伟.观众需求研究：以 2017—2018 年贺岁档影片为例 [J].电影研究，2019（3）：55-62.

演播厅综艺的稳定性。然而，进入短视频时代后，综艺节目的风格趋向轻松化、互动化，主持人的表达方式也更具个性化。①

在不同类型的综艺节目中，主持人需要根据节目的特点调整自己的表达风格，以增强节目的可看性，并与观众建立更加紧密的联系。近年来，综艺节目主要呈现以下几种趋势。

1.真人秀综艺：强调真实性，主持人风格趋向自然化

真人秀综艺节目强调真实性，内容更加贴近现实生活，因此主持人在节目中的表现也更加自然化。他们不再是传统意义上的串场人，而是以"氛围营造者"的身份参与其中。例如，在《向往的生活》中，主持人不再是节目流程的引导者，而是与嘉宾共同体验田园生活，以轻松随性的互动方式拉近与观众的距离。

与传统演播厅综艺不同，真人秀综艺更加强调即兴表达和情感共鸣，主持人需要具备较强的适应能力，以应对节目过程中不可预知的变化。在这一类节目中，主持人往往与嘉宾同吃同住，互动方式更像是朋友之间的交流，而非正式的节目主持人与嘉宾之间的交谈。因此，主持人的语言表达更加生活化，情绪更加真诚，甚至在某些场合下，他们会主动分享个人故事，以增强观众的代入感。

2.脱口秀节目：语言组织能力与幽默感成为核心竞争力

脱口秀节目近年来在国内外市场迅速发展，其主要特征是依赖主持人的即兴表达和幽默感。相较于传统访谈类综艺，脱口秀节目

---

① 李俊，王宁."产学研创"教育平台构建融媒体创作人才培养[J].传媒与教育，2023（7）：35–42.

更加突出主持人的个人风格，主持人的语言功底、逻辑能力和即时反应能力成为节目的核心竞争力。

以国内的《脱口秀大会》为例，该节目强调主持人对社会热点话题的解读和幽默表达。在这类节目中，主持人不仅需要熟练运用喜剧技巧，如夸张、反讽、模仿等，还需要具备极强的控场能力，能够调动观众情绪，使节目在轻松的氛围下推进。此外，脱口秀主持人的语言风格往往带有强烈的个性化色彩，这种差异化表达使主持人在市场上形成鲜明的个人品牌。[①]

3. 音乐与选秀类节目：主持人与选手之间的情感共鸣成为关键

音乐与选秀类节目一直是综艺节目市场的重要组成部分，这类节目对主持人的要求既包括舞台掌控能力，也包括对音乐和选秀文化的理解。例如，《中国好声音》作为一档音乐选秀节目，主持人不仅要负责串联各个环节，还要在选手和观众之间建立情感连接，提升节目感染力。[②]

在这类节目中，主持人的风格往往需要兼具权威性和亲和力。首先，他们需要通过专业的语言表达和对音乐作品的理解，与评委和选手进行深度沟通，提升节目的专业度；其次，他们还需要具备较强的情感洞察力，在选手紧张或情绪低落时，能够通过鼓励性话

①　孙健.通用式媒介技术驱动下的传媒经济研究的现状与走势 [J].传媒发展，2022（12）：41–47.

②　王成，叶伟.高等职业教育高质量发展指数的指标体系构建：基于 70 份政策文本的 NVivo 质性分析 [J].教育政策研究，2023（11）：50–61.

语缓解其紧张情绪，增强节目的情感张力。①

4.互动游戏类综艺：主持人需要兼具综艺感与身体素质

互动游戏类综艺节目强调娱乐性与观众的沉浸体验，主持人在这类节目中的角色更具挑战性。例如，《奔跑吧》系列节目的主持人不仅要具备较强的体能和运动能力，还需要时刻保持综艺感，以调动节目氛围。②

在这类节目中，主持人往往是推动情节发展的关键人物，他们需要熟悉游戏规则，在游戏过程中进行适当的点评，同时也要具备良好的即兴反应能力，以应对游戏中的突发情况。此外，由于这类节目强调观众的参与感，主持人还需要借助幽默的表达方式、夸张的肢体语言以及高频率的情绪调动，使节目节奏更加紧凑，以保持观众的观看兴趣。

5.新媒体时代综艺节目主持风格的融合与创新

随着短视频和直播平台的兴起，综艺节目不再局限于传统的电视播出模式，而是逐渐走向多平台融合发展。这一变化对主持人的风格塑造提出了更高的要求，主持人需要在不同媒介环境下调整自身的表达方式，以适应不同平台的传播特性。例如，在短视频平台上，主持人的语言表达需要更加精练，能够在短时间内抓住观众的注意

① 李明.以精准服务为指向的博物馆观众大数据：内涵、价值与挑战 [J].现代传播，2021（6）：12–18.

② 赵彬，郑宇.教育强国背景下本科及以上职业教育发展逻辑、困境和路径 [J].教育经济与管理，2024（5）：89–96.

力；而在直播综艺中，主持人则需要具备更强的互动能力，以实时回应观众的反馈。[①]

近年来，一些综艺节目已经开始探索"电视＋新媒体"双轨播出的模式。例如，某些选秀类节目不仅在电视台播出，还会在短视频平台上发布选手个人片段或幕后花絮，以增加与观众的互动性。这种趋势要求主持人能够适应多平台的传播特点，在不同的内容场景下调整自己的表达风格，使自身的影响力最大化。

6.综艺节目的类型变化对主持人的职业发展影响

综艺节目类型的演变使主持人的角色更加多元，他们需要针对不同的节目形式调整表达方式，以符合观众的观看习惯和内容消费趋势。对于综艺主持人而言，不断提升自己的适应能力、拓展知识结构、增强个人风格，是在日益激烈的市场竞争中保持竞争力的重要策略。未来，随着人工智能、虚拟现实等技术的发展，综艺节目的形式可能会发生更大的变革，主持人的表达方式也将随之调整。如何在快速变化的市场环境中保持自身的风格特征，同时不断创新表达方式，将是综艺主持人需要长期思考的问题。

（三）观众对综艺主持人的个性化需求分析

在数字媒体时代，观众对综艺主持人的需求已从单纯的信息传递转变为更注重主持人个人魅力、互动能力和娱乐性的展现。相比过去以节目为中心的观看模式，如今的观众更加关注主持人的个性、

---

① 李俊，王宁."产学研创"教育平台构建融媒体创作人才培养[J].传媒与教育，2023（7）：35-42.

语言风格和互动体验，这种趋势促使综艺主持人不断塑造个人特色，以满足不同观众群体的需求。①

在传统电视综艺时代，主持人的主要职责是串联节目流程，确保内容的流畅性。然而，随着互联网视频平台、短视频应用和社交媒体的兴起，观众对主持人的期待已逐步向个性化、多样化发展。观众不再满足于单一功能型的主持，而是希望主持人能够表现出独特的个人风格，以增强节目的吸引力。综艺主持人的个性化特征逐渐成为吸引受众的核心竞争力，不同年龄层、不同观看习惯的观众对于主持人有着差异化的偏好。

1. 年轻观众偏好幽默风趣型主持人

年青一代的观众，尤其是"Z世代"（通常指出生于1995年至2010年之间的群体），更倾向于选择具有幽默感、个性鲜明的主持人。这部分观众对传统电视综艺的依赖度降低，更习惯于观看短视频、直播节目等新兴媒介承载的内容。因此，他们更倾向于选择那些能够快速制造笑点、带动节目氛围的主持人。例如，《吐槽大会》中的主持人凭借犀利幽默的脱口秀风格，赢得了大量年轻观众的喜爱。②

在这类节目中，主持人的语言风格往往更加夸张，具有强烈的个人色彩，并且能够运用网络流行语、社会热点话题进行即兴表达。观众希望主持人能够充当"段子手"的角色，以幽默风趣的方式传

① 李菲.全媒体时代广播主持人的身份转换 [J].传媒发展，2022（1）：54–57.

② 徐凯.新媒体语境下传媒经济发展的新思维探究：评《智媒时代的传媒经济学》[J].传媒经济，2024（3）：27–32.

递信息，创造轻松愉悦的观赏体验。这种需求促使综艺主持人在表达方式上更加自由多变，不断优化自己的喜剧节奏感和幽默感，以迎合年轻观众的审美偏好。

2. 主流观众更看重主持人的专业性与亲和力

尽管年轻观众更喜欢轻松幽默的主持风格，但主流观众仍然对主持人的专业性和亲和力提出了较高要求。特别是在音乐、选秀、竞技类综艺中，主持人的表达能力、控场能力和专业背景直接影响观众对节目的信任度。例如，在《中国好声音》这类音乐选秀节目中，主持人不仅需要引导比赛流程，还要对音乐知识有所了解，能够帮助观众更深入地理解选手的表现和评委的评价。①

在这类综艺节目中，观众期待主持人能够具备较高的文化素养和语言表达能力，同时保持亲和力，使节目内容更具权威性和可信度。这类主持人往往需要具备一定的知识储备，以便在节目中提供深度解读，而不仅仅是进行浅显的串联。例如，在体育竞技类综艺节目《这！就是街舞》中，主持人需要了解街舞文化，能够与参赛选手建立沟通，避免流于形式化的表达。②

主流观众对综艺主持人的期望还体现在主持人的形象塑造上。在正式场合，主持人需要展现得体的仪态、规范的语言表达，并且具备较高的情商，能够在不同情境下调整自己的表达方式。例如，

---

① 李雪，周鹏. 教育强国背景下本科及以上职业教育发展逻辑、困境和路径 [J]. 职业教育改革，2024（3）：33-41.

② 王伟. 观众需求研究：以 2017—2018 年贺岁档影片为例 [J]. 电影研究，2019（3）：55-62.

在一档严肃的文化访谈综艺中，主持人需要使用更加正式的语言，以增强节目的深度；而在一档家庭娱乐节目中，主持人则需要体现更加温暖、轻松的表达方式，以提升观众的情感体验。①

3. 新媒体用户倾向于互动性强的主持风格

随着直播和短视频平台的普及，新媒体用户对综艺主持人的需求进一步发生变化，他们更倾向于选择具有强互动性的主持人。这一类观众主要活跃在抖音、快手、B站等平台上，他们希望主持人能够在直播和互动过程中直接回应观众的问题，甚至与观众进行即时对话。②

这种趋势促使综艺主持人在表达方式上做出相应调整。例如，在直播带货、短视频综艺节目中，主持人需要具备较强的应变能力，能够快速捕捉观众的反馈，并在短时间内调整自己的表达策略。比如，抖音上的一些主播在直播时，通过高频互动、情绪渲染等方式吸引观众，使整个直播过程更加具有代入感，这种风格在综艺主持领域同样适用。

此外，在新媒体环境下，综艺主持人还需要具备内容创作能力。例如，在B站的一些互动综艺节目中，主持人不仅担任串联节目内容的角色，同时还需要参与内容策划、短视频制作等，以增强观众

① 赵磊，孙媛. 服务产业链为导向的应用型影视人才培养创新 [J]. 影视艺术与教育，2023（9）：58–65.

② 李俊，王宁. "产学研创"教育平台构建融媒体创作人才培养 [J]. 传媒与教育，2023（7）：35–42.

的参与感。例如，《bilibili 拜年纪》中的主持人不仅负责串场，还会结合 B 站文化，与观众进行二次元梗的互动，以增强用户黏性。

三、社教主持：知识科普与教育类主持的创新成长路径

在信息爆炸的时代，社教主持作为知识科普与教育传播的核心桥梁，正在迎来全新的发展机遇。随着受众对高质量知识内容需求的增长，社教主持人不仅需要具备深厚的专业素养，还需要不断创新传播方式，以适应多元化的媒介环境。相比于传统的课堂式教学或讲座式传播，现代社教主持更加强调互动性、趣味性和个性化表达，使知识传播更具吸引力和传播力。

（一）社教主持的多元化节目创新思维

社教主持人的节目形态从最初的广播、电视科普节目，逐步演变为涵盖短视频、直播、播客等新媒体形式，内容创新成为推动社教主持人职业成长的重要方向。随着数字技术的发展，社教主持的节目创新体现在内容选题的多元化、传播方式的互动化以及视听表现的多层次进化。

1. 内容选题的多元化

社教主持的选题逐渐突破传统的文化、教育、科技科普领域，向更加贴近社会热点、跨学科交叉的新型知识传播方向发展。例如，围绕国家重大科技成果、环境保护、人工智能、历史文化复兴等话题展开科普类节目，使知识传播更具现实关怀。近年来，一些成功的社教类节目，如《最强大脑》《中国诗词大会》《开讲啦》等，

均以跨学科的知识呈现方式，激发观众的求知欲望，并通过主持人的引导，让受众沉浸在理性思辨的乐趣之中。

与此同时，社教主持人也需要关注社会热点，将科学研究、历史文化、心理学、经济学等学科知识与社会现实相结合。例如，在疫情期间，许多社教类主持人通过直播科普公共卫生知识，解答民众疑问，有效提高了公众健康素养。

2. 传播方式的互动化

社教主持区别于传统的新闻主持或综艺主持，最大的特点在于"知识的有效传递"，而这种传递在新媒体环境下更加依赖观众的深度参与。相比于单向输出的知识传播模式，如今的社教主持人更倾向于通过社交媒体、直播、短视频等平台，与受众形成互动式交流。

例如，在短视频平台上，社教主持人通过"知识挑战""问答互动"等方式调动观众的参与度，打破传统科普内容的枯燥感，使知识传播更具趣味性。例如，某些社教类短视频主持人通过"十秒钟讲清一个科学原理"或"用最简单的方式解析历史事件"的方式吸引观众关注，并在评论区与观众进行深入探讨，使社教类节目更具社交属性。①

在直播领域，社教主持人通过实时问答、在线讨论等方式增强观众的沉浸感。例如，科普类主持人可以在直播中进行实验演示，教育类主持人可以在线讲解课程并解答观众提问，使知识传播更具

---

① BROWN C,MILLER T.Ethics of the Attention Economy: The Problem of Social Media Addiction [J].Journal of Digital Ethics，2022，15（2）：45-53.

互动性。这种参与式传播方式，有助于提升观众的知识接受度和兴趣度。①

3. 视听表现的多层次进化

社教类节目的成功不仅依赖主持人的表达能力，还需要通过视听技术的创新，使知识内容的呈现更加生动直观。近年来，社教节目普遍采用数据可视化、动画演示、虚拟现实技术等方式，使抽象的知识概念更加直观易懂。例如，《国家宝藏》《如果国宝会说话》借助影视化叙事和数字化技术，使历史文物的故事变得更具沉浸感，打破了传统社教节目的枯燥印象，吸引了大量年轻受众。②

短视频平台的兴起，使社教主持人在表达方式上也发生了变化。例如，在B站、抖音、快手等平台上，社教类视频通常以高信息密度、短时长、高视觉冲击力的形式呈现。例如，某些科普节目会采用3D建模技术，对宇宙、化学反应、医学原理进行动态演示，使观众能够快速理解复杂的知识概念。③

此外，AI语音合成、智能字幕、实时翻译等技术的发展，也在不断提升我国社教类节目在国际传播中的竞争力。例如，一些社教主持人通过多语种字幕和AI翻译技术，向海外观众传播中国的科

① 赵磊，孙媛.服务产业链为导向的应用型影视人才培养创新 [J].影视艺术与教育，2023（9）：58–65.

② 李雪，周鹏.教育强国背景下本科及以上职业教育发展逻辑、困境和路径 [J].职业教育改革，2024（3）：33–41.

③ 王伟.观众需求研究：以2017—2018年贺岁档影片为例 [J].电影研究，2019（3）：55–62.

技发展、历史文化等内容，提升了中国社教类内容在全球范围的影响力。①

社教主持的节目创新思维不仅体现在选题的多元化、传播方式的互动化上，还体现在视听表现的不断进化上。未来，社教主持人需要持续探索新技术与新媒体传播方式，以增强知识内容的吸引力和传播效果。借助短视频、直播、社交平台等渠道，社教主持人可以打造更为贴近受众需求的知识传播模式，使知识不仅能够精准触达，更能成为大众娱乐与学习的结合体。

（二）社教主持人如何提升专业性与可信度

在知识传播领域，社教主持人不仅承担着信息传递者的角色，更是知识的解读者与价值观的引导者。随着信息获取渠道的多样化发展，观众对于社教主持人的专业性和可信度提出了更高要求。与传统新闻主持人或综艺主持人不同，社教主持人的核心竞争力在于其所掌握知识的深度、表达的精准性以及观点的权威性。因此，如何提升自身的专业素养和公信力，成为社教主持人职业发展的关键。

1. 深耕专业领域，增强知识深度

社教主持人的核心竞争力来自其所掌握专业知识的深度，只有在知识储备和学术背景上达到较高水准，才能赢得观众的认可和信赖。在信息传播日益多元化的时代，主持人不仅要掌握所涉领域的核心知识，还要持续关注学术前沿，确保内容的准确性和时效性。

---

① 李菲．全媒体时代广播主持人的身份转换 [J]. 传媒发展，2022（1）：54–57.

例如，科技类主持人需要对基础科学原理拥有扎实的理解，同时紧跟人工智能、量子计算、太空探索等新兴领域的发展动态，以提升其传播内容的权威性。

为了实现这一目标，社教主持人需要长期投入专业学习，不断扩展知识边界。一方面，他们可以通过阅读学术书籍、参与行业研讨会、采访专家学者等方式深入学习，确保其传播内容的深度与广度。另一方面，社教主持人还需具备跨学科整合能力，能够将历史、哲学、社会学等不同学科知识相结合，使其传播内容更具层次感和广泛适用性。例如，在讲解气候变化议题时，主持人不仅要具备气象学知识，还需要结合社会政策、经济发展模式等角度进行分析，以确保观众能在多维视角下理解问题。

不仅如此，社教主持人还必须时刻保持对行业动态的敏锐洞察力，以适应知识传播的不断变化。例如，在医学科普领域，主持人需要关注新兴医疗技术和全球健康趋势；而在历史文化类节目中，主持人需要考察考古新发现、历史研究的最新成果，以确保其内容符合时代背景和观众需求。[①]通过长期深耕专业领域，社教主持人不仅能够提升自身的专业素养，还能建立长期的学术信誉，在受众群体中形成稳定的影响力。

2.强化信息筛选能力，确保内容的权威性

在社教类节目中，信息的权威性和准确性至关重要。社教主持

---

① 李雪，周鹏.教育强国背景下本科及以上职业教育发展逻辑、困境和路径 [J].职业教育改革，2024（3）：33-41.

人不仅是知识的传播者，更是信息的筛选者和验证者，需要确保所传递的信息具有可信度，并避免传播误导性或伪科学内容。特别是在新媒体时代，社交平台信息传播速度快，但信息质量良莠不齐，主持人必须具备强大的信息筛选能力，以保障知识的准确性和权威性。

首先，社教主持人应建立权威的信息来源体系，确保内容来自可信渠道。例如，科技类节目主持人在介绍新技术或科学理论时，应参考权威科研机构的研究报告，如中国科学院、美国国家航空航天局、世界卫生组织等机构发布的数据；而历史类节目主持人在解析史实时，应以主流历史研究成果为依据，避免道听途说或未经考证的信息。

其次，主持人需要具备批判性思维，能够对信息进行深入分析和去伪存真。在面对突发事件或热点话题时，主持人应通过交叉验证不同来源的信息，避免被单一信息误导。例如，在健康科普领域，主持人需要明确区分经过临床验证的医学知识和未经科学证实的养生理论，确保传播的信息符合医学伦理和科学原则。

最后，社教主持人还需要针对受众的知识水平进行内容筛选，使信息既精准又易懂。①例如，在解读一项经济政策时，主持人需要筛选核心数据，去除过于专业的术语，并用通俗化的语言进行解释，使不同教育背景的观众都能理解政策的实际影响。通过强化信息筛

---

① 赵磊，孙媛.服务产业链为导向的应用型影视人才培养创新[J].影视艺术与教育，2023（9）：58–65.

选能力，社教主持人可以确保内容的公信力，提升受众对其节目的信任度和忠诚度。

3.培养专业化的表达方式，增强传播效果

社教主持人不仅需要具备扎实的专业知识，还需要通过有效的表达方式，让观众在轻松愉悦的氛围中获取知识。专业化的表达方式不仅包括合适的语言风格，还涉及叙事策略、情感传递和互动技巧。优秀的社教主持人应具备精准的信息传达能力，使复杂的理论通俗易懂，同时保持专业性和权威性。

首先，社教主持人需要善于运用叙事化表达方式，使知识传播更加生动。例如，在介绍一项科技突破时，可以通过讲述科学家的研究历程、实验过程或技术应用场景，使观众对所传播的知识产生兴趣，而不是简单地罗列专业术语和理论背景。这种叙事化表达不仅能增强观众的情感共鸣，还能提高他们的知识记忆度。

其次，社教主持人应根据不同的媒介特点调整表达方式。在传统电视节目中，社教主持人需要保持正式、稳重的表达风格，而在短视频或直播平台上，则需要更具亲和力和互动性，以吸引年轻观众。例如，在短视频平台上，社教主持人可以用更具节奏感的语言，配合生动的动画和字幕，增强信息的传播效果；而在直播节目中，社教主持人则需要借助实时互动，增强观众的参与感和沉浸感。

最后，社教主持人需要注重语音语调、面部表情和肢体语言的运用，以增强表达的感染力。例如，在解释复杂的经济政策时，社教主持人可以适当放慢语速，配合手势和视觉化工具，使政策内容更具可理解性。而在讨论人文社科话题时，社教主持人可以适当加入情感表达，以增强观众对内容的共鸣。①

4. 依托社交媒体，增强互动与信任

在新媒体时代，社教主持人不再仅仅依赖电视或广播等传统媒体渠道，而是需要主动拥抱社交媒体，增强与观众的互动，提高知识传播的影响力。通过社交媒体平台，主持人可以直接与观众交流，解答他们的疑问，增强观众的参与感，从而建立更加紧密的知识传播生态。②

首先，社教主持人可以通过短视频平台（如抖音、B 站）发布知识科普内容，以碎片化的信息吸引观众。例如，一些历史类节目主持人会在短视频中讲解某个历史事件的细节，而科技类节目主持人则可以通过短视频解析最新的科学发现。这种短小精悍的内容传播方式，能够快速吸引观众，并引导他们进一步关注长篇深度内容。③

其次，主持人可以通过直播与观众进行实时互动，提高受众的黏性。例如，在直播问答环节，主持人可以回答观众提出的专业问题，或邀请专家参与讨论，使节目更具权威性和互动性。此外，社教主持人还可以利用社区讨论等功能，与观众建立长期的交流关系，形成稳定的粉丝群体。

① 李菲. 全媒体时代广播主持人的身份转换 [J]. 传媒发展，2022（1）：54-57.

② 王伟. 观众需求研究：以 2017—2018 年贺岁档影片为例 [J]. 电影研究，2019（3）：55-62.

③ 李雪，周鹏. 教育强国背景下本科及以上职业教育发展逻辑、困境和路径 [J]. 职业教育改革，2024（3）：33-41.

最后，社教主持人还可以通过社交媒体进行品牌塑造，提高个人影响力。例如，主持人可以在微博、微信公众号等平台上发布深度文章，解读社会热点，拓展受众层级，同时增加自身的学术影响力。通过多平台运营，社教主持人能够构建完整的知识传播生态，实现更广泛的社会价值和行业影响力。

（三）观众对知识型主持人的需求分析

在信息过载的时代，观众对知识型主持人的需求逐渐呈现出多元化和个性化的趋势。相较于传统媒体时期单向传播的信息接收模式，当下的观众更希望在获取知识的同时获得情感上的共鸣与互动体验。因此，知识型主持人不仅需要具备深厚的学术背景和专业素养，还需要在表达方式、内容呈现以及与观众的互动模式上进行创新，以满足不同层次受众的需求。

第一，受众对知识型主持人的专业性要求日益提高。在科学、经济、历史、文化等领域，观众期望主持人能够提供准确、权威的信息，并以深入浅出的方式进行解读。例如，在科技科普领域，观众希望主持人能够解析人工智能、量子计算等高精尖技术；而在社会学和历史领域，观众则更期待主持人能够梳理事件脉络，揭示历史背后的深层逻辑。①这意味着知识型主持人需要不断扩充自身的专业储备，并紧跟学术界和行业的最新研究成果，以确保其内容的准确性和前瞻性。

① 赵磊，孙媛.服务产业链为导向的应用型影视人才培养创新[J].影视艺术与教育，2023（9）：58–65.

第二，受众的兴趣点正从"知识传递"转向"知识体验"，这对知识型主持人的表达风格和互动能力提出了更高的要求。在过去，电视时代的知识传播主要依靠播报和讲解的方式，而如今，在短视频和直播等新媒体环境中，观众更倾向于沉浸式的知识获取方式。例如，一些科普类短视频在讲解复杂概念时，会使用动画演示、数据可视化等方式，使知识更加直观易懂。同时，知识型主持人的表达风格也需要更加生动，避免单调乏味的叙述模式，以增强观众的参与感和共鸣感。

第三，观众对知识型主持人的个性化表达和情感连接也越发关注。在社交媒体环境下，知识型主持人不再仅仅是知识的传播者，而是具有鲜明个性的内容创作者。观众希望主持人能够以真实、鲜活的方式表达自己的观点，而不是机械地传递信息。例如，在经济类节目中，观众更倾向于观看具有个人风格的主持人对金融热点事件的解读，而不仅仅是纯粹的数据分析。

第四，知识型主持人还需要具备较强的社交互动能力，以建立与受众的紧密联系。新媒体时代的观众习惯于通过评论、弹幕、问答等方式与主持人进行实时交流，因此，知识型主持人需要具备较强的即时应变能力，能够迅速回应观众关心的问题。例如，在直播访谈中，主持人需要结合观众的提问调整话题方向，确保内容既专业又符合观众的兴趣点。① 这种互动模式不仅增强了观众的参与感，

---

① 李菲.全媒体时代广播主持人的身份转换[J].传媒发展，2022（1）：54—57.

也提升了知识型节目的传播效果和影响力。

第五，观众对知识型主持人的跨学科能力提出了更高的要求。在当今社会，各种学科之间的边界日益模糊，许多社会问题和科技创新都涉及多个领域的交叉融合。因此，观众希望知识型主持人能够以跨学科的视角分析问题。例如，在讨论人工智能对社会的影响时，主持人不仅需要具备计算机科学的知识，还需要结合伦理学、经济学、法学等多个维度进行探讨，以提供更全面的解读。[①]

第六，观众对知识型主持人的需求已经从单纯的知识传递升级为个性化、互动性和跨学科整合的多维需求。知识型主持人需要不断提升自身的专业素养，同时结合新媒体技术和社交互动模式，以更加生动、直观、深入的方式传播知识，如此才能在激烈的媒体竞争中赢得受众的长期关注和认可。

（四）社教主持人与短视频、新媒体的结合模式

在数字化时代，短视频和新媒体平台为社教主持人提供了广阔的发展空间，使其能够突破传统电视节目的限制，以更加灵活、高效的方式传播知识。相较于传统电视台的长时段、单向传播模式，短视频和新媒体以去中心化、碎片化、高互动的特征，使社教主持人在内容制作、传播方式和观众互动等方面获得了更多可能性。

首先，短视频平台为社教主持人提供了知识传播的新形式。过去，社教类节目通常依赖电视或广播，节目时长多为 30 分钟至 1 小时，

---

① 徐凯 . 新媒体语境下传媒经济发展的新思维探究：评《智媒时代的传媒经济学》[J]. 传媒经济，2024（3）：27–32.

但短视频平台的兴起，使知识传播更加碎片化，信息传递更加高效。例如，B 站、抖音、小红书等平台的社教类短视频，通常在 3 ~ 5 分钟内完成核心内容的讲解，满足了现代观众对于高效知识获取的需求。社教主持人需要适应这种快节奏的传播模式，将复杂的知识进行高度浓缩，并以通俗易懂的方式呈现，从而提高观众的接受度和传播效果。

其次，新媒体的互动性加强了社教主持人与观众之间的连接。在传统媒体环境中，社教类节目主要以单向传播为主，观众只能被动接受信息，缺乏实时互动的机会。而在新媒体环境中，社教主持人可以通过直播、弹幕、评论区互动等方式，与观众进行即时交流。例如，在科普类直播中，主持人可以在讲解过程中实时回答观众问题，甚至根据观众的兴趣调整内容方向，使知识传播更加精准和个性化。[①] 这种互动模式不仅增强了观众的参与感，还使社教类节目更具社交属性，提高了用户黏性。

最后，社教主持人还可以借助数据分析和智能推荐机制，优化内容传播策略。短视频和新媒体平台普遍采用算法推荐系统，根据用户的兴趣、观看习惯和互动行为，向目标受众推送相关内容。这使社教主持人能够精准触达潜在观众，提高内容的传播效率。例如，一位历史类节目的主持人可以通过数据分析，发现观众对某一历史

---

① 李雪，周鹏 . 教育强国背景下本科及以上职业教育发展逻辑、困境和路径 [J]. 职业教育改革，2024（3）：33–41.

时期的关注度较高，从而调整选题方向，以满足受众的观看需求。①
同时，智能推荐系统也促使主持人不断优化表达方式，如使用更具
吸引力的标题、优化视频封面、调整内容节奏等，以适应新媒体平
台的传播逻辑。

值得注意的是，社教主持人还可以通过多种方式，实现商业化
变现。在新媒体环境下，知识传播不再仅仅依赖广告和节目赞助，
社教主持人可以通过课程付费、会员订阅、知识付费等方式，实现
传播内容的市场化和商业化。例如，一些科普类主持人通过推出线
上讲座、出版书籍、开设付费社群等方式，建立个人品牌，实现多
元化收益。② 这种商业模式不仅提高了主持人的职业稳定性，也增强
了知识内容的市场价值。

总的来说，短视频和新媒体的兴起，为社教主持人提供了更加
灵活多元的发展路径。社教主持人需要不断适应新媒体的传播模式，
优化知识表达方式，增强与观众的互动，并结合智能推荐、跨平台
运营和商业变现策略，打造个人品牌，提升知识传播的影响力。在
新媒体环境下，社教主持人不仅是知识的传播者，更是内容创作者、
社群运营者和个人IP的构建者，只有不断创新，才能在激烈的市场
竞争中占据一席之地。

---

① 王伟. 观众需求研究：以2017—2018年贺岁档影片为例 [J]. 电影研究，2019（3）：55-
62.

② 赵磊，孙媛. 服务产业链为导向的应用型影视人才培养创新 [J]. 影视艺术与教育，2023
（9）：58-65.

四、文化主持：文化类节目主持人的专业素养与市场竞争

（一）文化类节目主持人的语言风格与表现力

文化类节目主持人需要兼具专业性、艺术性和亲和力，以确保文化内容既具有深度，又能吸引广泛受众。在语言风格与表达方式上，他们不仅要展现学术素养，还要通过情感共鸣、语言节奏和表达技巧，让文化内容更具吸引力。

1. 精准与深度：语言的专业性

文化类节目涉及文学、历史、哲学、艺术等多个专业领域，主持人需要具备扎实的学术背景和严谨的表达习惯，确保内容的准确性。例如，在讲解古典诗词时，主持人需要精准区分"风雅颂"与"赋比兴"；在介绍中西文化之比较时，需明确不同文化体系的语境差异。这种精准表达不仅体现主持人的学术素养，也直接影响观众对文化节目的信任度。

2. 典雅与韵味：语言的艺术美感

文化类节目常涉及诗歌、戏曲、书法、美术等艺术领域，主持人需要在语言中融入诗意与韵律。例如，在《中国诗词大会》中，董卿通过温润典雅的语言，使诗歌的意境更加深远动人。她不仅能够精准解读诗词的美学价值，还能够通过语调和节奏，让观众沉浸于诗意世界。主持人的表达方式应如文学作品一般富有层次感，让

观众在语言的流畅与韵律中感受到文化的美感。[①]

3. 亲和与普及：通俗化表达的必要性

文化传播不能仅面向文化精英，主持人需要让普通观众也能轻松理解深奥的文化内容。文化类节目主持人常通过讲故事的方式，让历史事件、艺术鉴赏或哲学理念更具可理解性。例如，在《国家宝藏》中，主持人用轻松幽默的方式介绍文物，使观众在沉浸式的体验中学习历史。这种深入浅出的表达方式，使文化内容更加生动有趣，也拉近了文化与大众之间的距离。

4. 情感共鸣与感染力：增强观众的代入感

文化类节目不仅是知识传播的载体，更是情感传递的平台。主持人需要通过富有感染力的语言，使观众对文化内容产生共鸣。例如，在《朗读者》中，主持人通过富有情感的朗诵，让文学作品充满温度，使观众不仅能理解文字的意义，更能感受到语言背后的情感力量。主持人通过运用语气、节奏、停顿等方面的技巧，赋予语言更强的表现力，从而提升文化传播的感染力。[②]

5. 语言的多维度表达：多平台适应能力

在新媒体时代，文化类节目主持人不仅需要在电视节目中展现语言的魅力，还需要适应短视频、直播等新媒体平台的传播方式。

---

① 李雪，周鹏. 教育强国背景下本科及以上职业教育发展逻辑、困境和路径 [J]. 职业教育改革，2024（3）：33-41.

② 王伟. 观众需求研究：以 2017—2018 年贺岁档影片为例 [J]. 电影研究，2019（3）：55-62.

例如，在短视频平台上，文化类节目主持人需要用更简洁的语言，在几分钟内精准传递知识；而在直播节目中，主持人则需要通过即时互动提高观众参与感。不同媒介的表达方式各有特点，主持人需要具备灵活调整语言风格的能力，以适应不同传播环境，提升文化内容的传播广度与深度。

因此，文化类节目主持人的语言风格与表现力，决定了文化内容的可读性和传播效果。他们既要具备专业的文化底蕴，又要能够用生动、富有感染力的语言打动观众。在新时代的文化传播格局中，主持人不仅是知识的传递者，更是文化情感的连接者，他们的表达方式将直接影响文化的社会影响力与受众接受度。

（二）文化访谈、纪录片、非遗节目主持的市场需求

1. 文化访谈类节目的市场需求

文化访谈节目主要以思想交流和知识共享为核心，覆盖文学、哲学、历史、社会学等多个领域。观众对于文化访谈节目的需求，更多源于对思想启发、知识拓展和社会热点解读的兴趣。例如，《十三邀》《圆桌派》等节目凭借深度对话的模式吸引了一批关注社会议题、文化发展的受众。这类节目要求主持人不仅具备广博的知识储备，更要有敏锐的社会洞察力和精准的提问能力，以启发嘉宾进行深入讨论。同时，主持人需要在专业性与亲和力之间找到平衡，使对话既严谨又生动，避免高深晦涩的表达影响观众的接受度。[①]

---

① 李俊，王宁."产学研创"教育平台构建融媒体创作人才培养[J].传媒与教育，2023（7）：35-42.

2.纪录片市场的兴起与主持风格的演变

纪录片作为文化类节目中最具知识性和纪实感的节目形态，近年来的市场需求稳步上升。随着观众对高质量内容的需求增长，纪录片的题材已从传统的历史、地理、科学扩展至社会议题、科技创新、文化遗产等多元领域。例如，《如果国宝会说话》《航拍中国》《舌尖上的中国》等纪录片，因其精美的视觉呈现和深度的内容解析而受到广泛欢迎。纪录片主持人的角色主要体现在信息讲解和文化解读上，需要在保持客观理性的同时，赋予内容一定的情感温度，使观众在沉浸式观看的过程中建立更强的认同感。同时，国际传播的需求促使纪录片主持人提升跨文化表达能力，使本土文化能够更精准地传递给国际受众。①

3.非遗类节目的发展趋势与主持人的角色塑造

近年来，国家对文化遗产的保护和推广力度不断加大，使非遗类节目成为文化传播的重要组成部分。这类节目涵盖传统工艺、美食技艺、戏曲、民俗文化等内容，通过影像记录和主持人的讲解，让非遗文化得以更广泛地传播。例如，《国家宝藏》《非遗里的中国》等节目，通过文化学者、文博专家、非遗传承人和主持人的共同呈现，赋予非遗文化更强的时代感。在这类节目中，主持人需要扮演文化讲述者和情感连接者双重角色，一方面要具备扎实的文化知识，能够深入讲解传统技艺的历史背景和技法特点；另一方面要具备故

① 赵磊，孙媛.服务产业链为导向的应用型影视人才培养创新 [J].影视艺术与教育，2023（9）：58-65.

事化表达能力，使文化内容更具可看性和感染力，以吸引年青一代观众的兴趣。①

4.新媒体环境下文化类节目主持人的适应与创新

随着短视频、直播等新媒体平台的兴起，文化类节目正经历新的传播变革。传统的文化访谈、纪录片和非遗类节目逐渐拓展至新媒体渠道，如B站、抖音、小红书等社交平台，打破了传统电视节目的传播壁垒。许多纪录片主持人开始在短视频平台分享节目拍摄时幕后故事，非遗类节目则借助直播形式，让观众与非遗传承人进行实时互动。在这一趋势下，文化类节目主持人需要调整自身的表达方式，使内容既符合短视频的快节奏传播逻辑，又能保持文化节目的深度与品质。同时，多平台发展的趋势要求主持人提升跨媒介表达能力，在多种内容形态下展现专业素养和个人魅力，以适应不同受众群体的需求。②

（三）文化类节目主持人如何拓展国际化传播能力

在全球化背景下，文化类节目主持人要拓展国际化传播能力，这需要从多个方面进行提升。首先，提升跨文化沟通能力是文化类节目主持人进行国际传播的基础。主持人需要深入了解不同国家和地区的文化背景、价值观及传播习惯，才能有效避免文化误读和价

---

① 王伟.观众需求研究：以2017—2018年贺岁档影片为例 [J].电影研究，2019（3）：55–62.

② 李雪，周鹏.教育强国背景下本科及以上职业教育发展逻辑、困境和路径 [J].职业教育改革，2024（3）：33–41.

值冲突，确保信息的准确传递。例如，在介绍中国传统节日时，主持人不仅要讲述节日的历史渊源和文化习俗，还要将其与西方类似节日进行对比分析，使外国观众更容易理解其中的文化内涵。通过这样的跨文化沟通，主持人能够帮助中国文化在全球语境下获得更多的认同感。

其次，双语能力是文化类节目主持人向国际化发展的另一关键要素。在面对全球受众时，主持人需要具备流畅的外语表达能力，以适应国际传播的需求。许多中国主持人已经通过参与国际会议、文化论坛、跨国纪录片合作等方式，提高了自己的国际影响力。比如，《中国诗词大会》和《朗读者》等文化节目已推出英文字幕版本，部分主持人更是直接参与国际交流活动，以双语或多语种形式向世界推广中国文化。通过不断的外语学习和实践，主持人可以提高自己的国际传播适应力，增强自己在全球舞台上的话语权。

随着新媒体平台的崛起，文化类主持人也逐步建立起全球化的文化传播矩阵。社交媒体平台，如 YouTube、TikTok 和 Twitter，已成为全球文化交流的重要渠道。许多主持人开始在这些平台上发布关于中国历史、书法、茶文化等方面的短视频或直播节目，通过这些国际化平台直接与全球观众互动，增强中国文化传播的吸引力。

此外，文化类节目主持人也需要积极融入国际文化交流活动中，推动中国文化"走出去"。在戛纳电影节、威尼斯双年展等国际文化盛事中，中国文化节目主持人逐渐成为重要角色，通过国际平台展示自身的专业能力和文化素养。与海外高校、文化机构、博物馆的合作也能有效提升主持人的国际影响力。例如，文化类节目主持人通过举办文化讲座、纪录片展映、非遗技艺展示等活动，不仅传播了中国文化，还充当了文化沟通的桥梁，可帮助全球观众更好地理解中国文化。

随着科技的迅猛发展，文化类节目主持人也必须在文化传播中融入科技创新，以增强文化传播的国际竞争力。元宇宙、VR/AR 等技术的应用，为文化传播带来了更多可能性。例如，一些博物馆和文化机构开始使用虚拟现实技术，将传统文化与数字体验相结合，增强国际观众的参与感。主持人需要掌握这些新技术的应用，在虚拟展览、线上文化互动、数字人直播等新形式的文化传播中发挥重要作用，从而突破传统媒介的局限，使中国文化在全球范围内得到更广泛的传播和认同。

（四）文化类节目主持人与学术、文化产业的融合发展

1. 依托学术研究，提升文化节目的专业深度

文化类节目主持人要在文化传播中发挥更大作用，必须具备扎实的学术素养，以确保内容的深度与权威性。在当前知识化、理性化传播趋势下，优秀的文化节目主持人往往具备较强的学术背景，能够准确解读文化现象，并结合学术理论进行深度剖析。例如，《中国诗词大会》的主持人不仅需要对诗词文化有深入了解，还要掌握相关文化历史背景、文学批评方法，以提供高质量的文化解读。①

---

① 赵磊，孙媛.服务产业链为导向的应用型影视人才培养创新[J].影视艺术与教育，2023（9）：58-65.

此外，主持人可以通过与高校、研究机构进行合作，不断丰富自身的学术储备，如邀请知名学者、历史学家、考古专家参与节目策划和内容创作，使文化传播更加严谨、精准，提升节目的公信力和影响力。[①]

2.借助文化产业资源，拓展主持人在文旅、艺术领域的影响力

文化类节目主持人不仅是知识的传播者，也可以在文旅、艺术等文化产业中发挥更大作用。近年来，文旅深度融合，许多地方政府和文化机构积极打造文化品牌，而主持人作为文化传播的重要桥梁，可以成为文旅推广的重要力量。例如，在大型文化演出、非遗展示、博物馆展览等活动中，主持人可以通过讲解、导览、访谈等形式，提升文化项目的传播效果。此外，一些文化类节目主持人已开始参与艺术节、文创活动、文化研讨会等活动，如在敦煌文化论坛、国际书法展等场合，主持人通过与艺术家、历史学者对话，推动文化内容向更广泛的社会群体传播。[②]

3.参与文化品牌建设，推动文化产品的多元化发展

在文化产业日益市场化的背景下，主持人不仅是文化节目的代言人，也可以成为文化品牌的重要推动者。例如，一些知名文化主持人通过推出自己的文化类书籍、纪录片、播客等，将个人品牌与

---

① 李雪，周鹏.教育强国背景下本科及以上职业教育发展逻辑、困境和路径[J].职业教育改革，2024（3）：33-41.

② 王伟.观众需求研究：以2017—2018年贺岁档影片为例[J].电影研究，2019（3）：55-62.

文化产品结合，形成独特的文化影响力。此外，主持人还可以与博物馆、文化出版机构、非遗工坊等合作，推广传统文化相关的衍生品，如手工艺品、文化读物、纪念品等，使文化传播不仅停留在内容层面，还能形成完整的产业链条。

4. 融入科技创新，实现文化内容的数字化表达

随着数字化技术的进步，文化类节目主持人可以借助新媒体、人工智能、虚拟现实等技术，推动文化节目的创新发展。例如，一些文化节目已经开始使用 VR/AR 技术，为观众提供沉浸式的文化体验，如通过虚拟博物馆、3D 重建历史场景等方式，让受众更加直观地理解文化内容。此外，AI 智能合成技术的发展，也为文化节目提供了新的内容传播方式，如通过 AI 虚拟主持人进行自动化文化讲解，使传统文化能够更加高效地触达年轻受众和海外市场。

5. 推动文化主持的国际化发展，增强文化外交的传播力

文化类节目主持人不仅是国内文化传播的关键力量，同时也承担着推动中国文化走向世界的使命。在全球文化交流的背景下，文化类节目主持人可以通过国际文化交流项目、双语文化节目、跨国文化合作等方式，提升中国文化在国际舆论场中的影响力。例如，一些文化类节目主持人通过参与国际书展、文化论坛、跨国纪录片合作等活动，向全球观众介绍中国文化的独特魅力，增强中华文化的国际认同感。此外，通过翻译、双语直播、海外社交媒体运营等手段，主持人可以在全球范围内推广文化节目，使中国文化更容易被世界接受。

（五）文化主持如何在新媒体环境下实现内容创新

在新媒体环境下，文化类节目主持人面临着前所未有的机遇与挑战。传统的文化节目多以深度访谈、纪录片和知识讲解为主，而新媒体的传播逻辑要求内容更加碎片化、互动性更强、传播速度更快。因此，文化类节目主持人必须灵活调整表达方式，借助短视频、直播、AI、大数据等新媒体技术与平台，增强文化内容的吸引力和传播力，以满足现代受众的需求。

首先，短视频和微综艺模式成为文化传播的重要手段。通过短视频平台如抖音、B站和小红书，文化类节目主持人能够将传统的长篇文化解读浓缩为简短、精华的内容。例如，历史文化节目可以通过"微纪录片"方式，以生动的形式讲述历史事件和人物；而非遗文化节目可以通过短视频展示传统手工艺的制作过程，增强观众的代入感和兴趣。同时，微综艺模式也已成为文化类节目的创新形式，许多节目将传统长篇访谈和深度探讨拆解为多个短视频单元，这使文化传播更加灵活且易于接受，符合受众对内容碎片化的需求。

其次，互动直播和跨平台传播使文化类节目主持人能够与观众建立更紧密的联系。通过直播平台如微博、快手、淘宝直播等，主持人可以实时解答观众的文化疑问，让观众在互动中更好地理解文化知识。例如，文化类节目主持人可以在直播过程中讲解古诗词、历史事件或书法艺术，并通过观众的留言互动，使文化传播过程更加生动和活泼。与此同时，文化类节目主持人还可以通过多平台同步传播，在B站进行深度文化解读，在抖音发布趣味短视频，在微信公众号上发表长篇文化分析文章，以不同形式吸引不同的受众群体，从而扩大文化传播的影响力。

随着新技术的不断发展，AI 与大数据的应用也为文化内容的精准推送提供了强大支持。通过分析用户的搜索习惯和观看记录，AI 算法可以预测受众的兴趣，从而精准推送相关的文化节目。这使文化类节目主持人在信息过载的环境中能够更加有效地接触目标观众，提升内容的触达率。此外，语音合成、智能字幕等技术也能帮助文化类节目提高内容的可读性与可视化效果，进一步增强文化传播的效率。

VR 技术和 AR 技术为文化传播带来了更多沉浸式的体验，扩展了文化传播的场景。文化类节目主持人可以利用 VR 技术带领观众"走进"历史现场，亲身体验长城、敦煌莫高窟等文化遗址，增强观众对文化内容的沉浸感。同时，AR 技术可以通过虚拟导览使观众在手机屏幕上看到文物的 3D 模型或相关历史背景介绍，从而使文化传播更加立体和可视化，提升观众的参与感和认同感。

最后，跨界融合成为文化类节目主持人拓展文化传播形态的重要途径。通过与影视、游戏、音乐等产业的结合，文化内容的传播方式变得更加多样。例如，文化类节目可以与影视剧结合，提供历史背景解析，使观众在观看影视作品的同时也能了解更多的文化知识；又如，在历史题材的游戏中加入文化讲解内容，可以增强游戏的文化属性，提高年轻群体对传统文化的兴趣。这种跨界合作不仅为文化传播注入新活力，也拓宽了文化类节目主持人的影响力和传播渠道。

总之，文化类节目主持人通过创新内容形式、利用新媒体技术、增强互动性和跨界融合，能够有效拓宽文化传播的渠道和影响力。面对全球化传播的挑战，文化类节目主持人需要不断创新与学习，以适应快速变化的媒介环境，确保中国的文化内容能够在全球范围内得到更广泛的传播和认同。

五、电竞解说：电竞赛事解说员的职业路径及核心能力

（一）电竞赛事解说的市场需求与发展现状

电子竞技产业的快速崛起不仅催生了庞大的赛事市场，也推动了电竞赛事解说这一职业的发展。在电竞赛事日益专业化、商业化的背景下，解说员不再仅仅是赛事的讲解者，而是赛事内容的塑造者、游戏文化的传播者，更是电竞行业链条中不可或缺的一环。随着《英雄联盟》《Dota 2》《王者荣耀》《绝地求生》等电竞赛事在全球范围内影响力的不断扩大，专业电竞赛事解说的市场需求呈现指数级增长。[1]

电竞赛事的核心竞争力之一，便是如何让观众更好地理解比赛、享受竞技的魅力。而解说员正是这一过程的桥梁，他们通过语言组织、战术分析、氛围调动，将一个看似复杂的比赛局势转化为观众能够理解并产生共鸣的内容。尤其是在大型国际赛事中，解说员的表达能力、临场反应、数据分析能力，乃至情感渲染能力，都直接影响

---

① 季峰，赵腾飞.网络直播环境下电竞解说的语言问题及对策分析：以《英雄联盟》解说为例[J].电视研究，2019（12）：83-85.

到赛事的传播效果和观众体验。

电竞赛事解说的市场需求不断增长，与行业整体的发展密不可分。一方面，电竞已经成为主流娱乐方式之一，受众基数庞大，全球电竞观众数量已超过 5 亿，并且仍在持续增长[①]；另一方面，电竞赛事的商业化进程加快，越来越多的品牌、广告商和俱乐部意识到解说员的影响力，纷纷投入资源，将其纳入商业合作体系。例如，一些知名解说员不仅负责赛事直播，还成为品牌代言人，甚至跨界参与电竞综艺节目，拓宽职业边界。电竞赛事解说的市场需求不仅限于职业赛事，随着短视频、直播平台的兴起，个人电竞赛事解说也成为热门职业。许多解说员通过自媒体平台建立个人品牌，以专业的赛事分析、风趣幽默的风格吸引大量粉丝，在直播和短视频内容的支持下实现商业变现。比起传统体育解说，电竞赛事解说在媒介形式、观众互动、内容风格等方面具有更强的多样性，也让这个职业充满了更多可能性。[②]

在行业发展趋势下，电竞赛事解说的职业要求也在不断提升。过去，许多解说员是由退役职业选手转型而来，他们依靠自身对游戏的深度理解和经验赢得观众认可。然而，如今的电竞赛事解说已经逐渐向专业化、职业化方向发展，越来越多的新人通过学习播音

① 李亚铭，段宇.电竞主播的角色重构与话语转型：基于沉浸传播视域下的讨论 [J]. 青年记者，2019（17）：73-74.

② BROWN C,MILLER T.Ethics of the Attention Economy: The Problem of Social Media Addiction [J]. Journal of Digital Ethics，2022，15（2）：45-53.

主持、战术分析、赛事策划等内容，从零开始进入电竞赛事解说行业，并凭借优秀的个人风格和内容输出在市场中占据一席之地。电竞赛事解说的未来不仅仅局限于赛事直播，还将进一步延伸至电竞文化内容创作、社交媒体传播、跨界合作等多个领域。随着电竞行业的持续发展，解说员的职业发展空间也将更加广阔，专业化程度更高的解说人才将成为行业的中流砥柱，推动整个电竞生态的进步。

（二）电竞赛事解说与传统体育解说的区别

电竞赛事解说与传统体育解说在核心职能上有一定相似之处，二者都肩负着赛事信息传递、比赛氛围调动、战术分析等重要任务。然而，由于电竞赛事与传统体育在比赛形式、受众群体、传播媒介等方面的不同，二者在解说方式、表达风格、互动模式上存在显著区别。

首先，电竞赛事解说与传统体育解说在信息密度与表达节奏上存在显著差异。传统体育赛事（如足球、篮球、网球等）一般具有较长的比赛时长，解说员需要在关键战术变化和精彩瞬间到来之前做好铺垫，使观众能够充分理解比赛逻辑，并通过适当的留白增强赛事的沉浸感。[①] 相比之下，电竞赛事的节奏更加紧凑，短时间内可能会发生多个战术变动，解说员需要快速判断局势，并在有限的时间内精准传达信息。例如，《英雄联盟》的团战可能在数秒内完成，从战术布置到执行再到结果分析，解说员需要迅速完成逻辑梳理，

<hr />

① 季峰，赵腾飞.网络直播环境下电竞解说的语言问题及对策分析：以《英雄联盟》解说为例 [J].电视研究，2019（12）：83-85.

并用高效语言表达出来，以确保观众能够理解比赛脉络。

其次，解说风格的差异决定了观众的观看体验。传统体育解说通常保持较为严谨、正式的表达风格，解说员多采用中立、客观的方式进行讲解，并通过丰富的比赛数据、历史战绩、球员表现分析来提升解说的专业度。[①] 而电竞赛事解说的风格更加多样化，受电竞文化和年轻化观众的影响，许多解说员会采用更具娱乐性、互动性的方式进行解说，如使用幽默风格、网络流行语、角色扮演等，使解说内容更具亲和力和吸引力。例如，在《Dota 2》国际邀请赛上，部分解说员会用夸张的语气形容关键团战的爆发，如"天塌了！""炸裂！"等，以增强观众的情绪共鸣。

再次，观众的参与方式也是电竞赛事解说与传统体育解说的重要区别之一。传统体育赛事大多数采用单向传播模式，解说员主要通过电视转播进行讲解，观众的互动方式较为有限，通常只能通过社交媒体或比赛现场应援等方式表达意见。而电竞赛事多依托直播平台进行传播，观众不仅能够通过弹幕、评论、投票等方式直接与解说员互动，甚至可以通过聊天室参与战术讨论、预测比赛走向，极大增强了观看的沉浸感与参与度。这种高频率的互动要求电竞解说员具备极强的现场应变能力，能够迅速回应观众的问题，及时调整解说策略，以提高观众的观看体验。

然后，数据分析与战术解读方式也体现出电竞赛事解说与传统

---

① 李亚铭，段宇.电竞主播的角色重构与话语转型：基于沉浸传播视域下的讨论 [J]. 青年记者，2019（17）：73–74.

体育解说的不同。传统体育解说员通常依赖赛事提供的统计数据，如控球率、射门次数、罚球命中率等，以数据为支撑分析比赛走势，并结合运动员历史表现预测比赛结果。而电竞赛事解说需要处理的信息量更为庞大，如游戏内经济差距、技能冷却时间、装备选择、战术布置、地图控制等，各项数据的变化往往直接影响战局走势。例如，在《王者荣耀》的职业赛事中，解说员需要随时关注英雄技能 CD（冷却时间）、装备成型情况，并结合双方战术意图进行解读，以帮助观众理解战术执行的合理性。

最后，在职业发展路径这一方面，传统体育解说员通常通过体育新闻、赛事报道等途径进入行业，依托电视台、电台等主流媒体平台完成职业成长，并需要通过多年经验积累和权威认证（如 FIFA 官方认证解说、NBA 官方解说员等）逐步建立影响力。电竞赛事解说员的职业路径更为多元，许多解说员来自职业选手退役群体，凭借对游戏的深度理解进入解说领域，而另一部分解说员则通过短视频、自媒体直播、社交媒体内容创作等方式积累粉丝，实现职业发展。例如，一些 B 站和抖音上的知名电竞赛事解说员通过制作战术教学视频、赛事复盘分析，吸引大量关注，从而获得电竞赛事官方的认可，最终成为职业赛事解说员。[①]

总体而言，电竞赛事解说与传统体育解说虽然在本质上都属于体育赛事解说的一部分，但由于媒介平台、赛事特性、观众习惯等

---

① 李雪，周鹏.教育强国背景下本科及以上职业教育发展逻辑、困境和路径 [J].职业教育改革，2024（3）：33-41.

因素的不同，二者在解说风格、信息表达、观众互动、数据分析、职业发展路径等方面均呈现出显著区别。电竞赛事解说员不仅要具备传统体育解说的基本素养，还需要具备强大的战术分析能力、实时互动能力以及多平台内容创作能力，以适应电竞行业高速发展的趋势。

（三）电竞赛事解说的核心能力：战术分析、语言表达、观众互动

随着电竞行业的快速发展，电竞赛事的复杂性要求解说员不仅要具备高度的专业素养，还需在战术分析、语言表达和观众互动等方面不断提升，以满足观众日益多样化的需求。电竞赛事解说员的职责不仅仅是传递赛事信息，他们的解说风格和技巧亦直接影响观众的观看体验。因此，解说员需要在战术解读、语言表达和互动交流三个方面不断创新，以增强赛事的观赏性和互动性。

首先，精准的战术分析是电竞赛事解说的核心能力之一。在电竞赛事中，战术执行通常发生在短短几秒钟内，解说员必须迅速捕捉关键信息并帮助观众理解战局的变化。例如，在多人在线战术竞技游戏类游戏（如《英雄联盟》和《Dota 2》）的赛事中，解说员需要深入分析选手的对线策略、经济差距、团战布置等元素，并结合英雄克制关系和战术布局进行精准解读。而在第一人称射击游戏类游戏（如《CS:GO》）中，解说员要关注地图控制、枪法对决及团队配合，帮助观众理解战术执行的关键细节。为了提升战术分析能力，解说员需要研究游戏机制、熟悉赛事规则，并对职业比赛进行复盘，

总结不同战队的战术风格，从而提高赛事的代入感和专业度。

其次，清晰流畅的语言表达能力对电竞赛事解说至关重要。由于电竞赛事节奏快、信息量大，解说员必须在短时间内高效传递大量信息，同时保持语言的连贯性和吸引力。解说员在比赛中的语言节奏需要随着赛事进展进行调整。在比赛的初期，解说员的语速可以较为平缓，以介绍战术布局和选手背景；而在关键团战或决胜时刻，解说员则需要加快语速并调动语调，以增强赛事的紧张感和刺激性。例如，在《Dota 2》的国际邀请赛中，顶级解说员会用层次分明的语言结构逐步分析战术背景、执行效果和最终结果，以帮助观众更清晰地理解复杂的战术逻辑。通过比喻、类比和幽默等语言技巧，解说员能够有效提升赛事的趣味性和画面感，从而提升观众的沉浸感。

最后，电竞赛事解说员的观众互动能力是其职业发展的重要组成部分。与传统体育赛事相比，电竞赛事具有更高的互动性，观众通过弹幕、评论等方式与解说员直接互动。这要求解说员具备较强的应变能力和沟通技巧。在直播过程中，解说员需要时刻关注观众的反馈，并适时调整解说内容。例如，针对观众对某位选手表现出的疑问，解说员要快速回应并提供数据支持，帮助观众更好地理解赛事。此外，一些解说员还会设置观众互动环节，如预测比赛结果或讨论战术选择，进一步增强观众的参与感和代入感。在短视频平台上，解说员通过发布战术分析、比赛复盘等内容，可以与观众建立更深的联系，增加互动率和观众黏性。通过积极利用社交媒体进行长期互动，一些解说员成功打造了个人品牌，并通过幽默风趣的解说风格吸引了大量粉丝，拓展了商业合作机会。

总的来说，电竞赛事解说员不仅要具备扎实的战术分析能力和清晰流畅的语言表达能力，还要积极与观众高效互动，充分利用新媒体平台，以增强赛事的沉浸感和互动性。通过这些创新手段，解说员能够提升赛事的观赏性，满足不同层次观众的需求，并在电竞行业中建立个人品牌，持续提升自身的影响力。

（四）电竞赛事解说的商业模式与个人品牌运营

电竞赛事解说行业的发展不仅依赖赛事本身，还与商业模式的不断创新密切相关。随着电竞市场的成熟，解说员的收入来源逐步从单一的赛事解说扩展到品牌合作、内容创作、直播带货等多个领域，形成多元化的商业模式。在这一过程中，电竞赛事解说员的个人品牌运营也成了其职业发展的关键因素，决定了其市场价值和长远发展空间。

1. 赛事官方合作：职业解说员的传统收入模式

职业电竞赛事解说最基础的商业模式是与赛事官方合作，以固定薪酬或解说费用的形式获得报酬。例如，国内外各大电竞赛事（如《英雄联盟》职业联赛、《Dota2》国际邀请赛、《反恐精英》世界锦标赛等）都会聘请专业解说团队进行赛事直播解说。这类解说通常具有较强的专业性，并且要求解说员长期跟踪赛事发展，深入研究战队战术，形成权威的解读能力。[①] 然而，随着直播平台的崛起，单靠官方解说薪酬，已无法满足解说员对提升的市场竞争力的需求。

---

① 赵磊，孙媛. 服务产业链为导向的应用型影视人才培养创新 [J]. 影视艺术与教育，2023（9）：58–65.

许多解说员在官方赛事之外，逐渐开始寻求其他商业化渠道，以增强自身的经济收益和行业影响力。

2.直播平台合作与粉丝打赏

直播平台为电竞赛事解说员提供了全新的商业发展模式，使其能够直接通过直播与观众建立紧密联系。例如，B站、斗鱼、虎牙、Twitch等平台都会为电竞赛事解说员提供流量支持和收益分成，解说员可以通过直播比赛、战术分析、游戏教学等内容，吸引观众观看，并通过打赏、会员订阅等方式获得收入。与官方赛事解说不同，个人直播解说更加灵活，解说员可以自由选择赛事内容，并结合个人风格进行个性化解说。例如，一些解说员会专注于特定游戏类型（如多人在线战术竞技游戏、第一人称射击游戏、即时战略游戏等），并在直播中定期与粉丝互动，以提高用户黏性，增强收入稳定性。

3.品牌合作与商业代言

电竞行业的商业价值不断上升，许多游戏厂商、电竞外设品牌、网络平台等企业开始寻求与知名解说员的合作。例如，游戏厂商会邀请解说员进行新游戏推广，电竞设备品牌会赞助解说员使用其产品进行直播和评测。这类品牌合作不仅提升了解说员的经济收入，也增强了其在行业中的影响力。此外，一些头部电竞解说员甚至可以成为品牌代言人，与电竞俱乐部、直播平台等进行深度合作。例如，部分解说员会受邀为战队进行战术分析，甚至在电竞赛事中充当顾问，以提供专业支持。这些合作模式使解说员的职业发展不再局限于解说本身，而是向更广泛的电竞产业链延伸。

4. 短视频创作与个人 IP 打造

随着短视频平台的兴起，电竞赛事解说员可以利用短视频内容拓展影响力。例如，抖音、快手、B 站等平台上，有大量解说员通过制作"赛事回顾""操作解析""战术教学"等短视频，快速积累粉丝，并通过广告投放、视频分成等方式实现收益。短视频内容的优势在于其传播速度快、覆盖面广，能够帮助解说员在更短时间内获得更高的曝光度。例如，一些解说员会在短视频平台发布"电竞趣闻""职业选手采访""游戏操作教学"等内容，以吸引更广泛的观众群体，并借助流量分成获得可观收入。

5. 个人品牌运营与电竞培训

成功的电竞解说员不仅仅是赛事解说员，更是一个个人品牌的运营者。部分解说员通过建立个人 IP，实现长期的商业价值。例如，部分解说员会通过社交媒体（微博、微信公众号、Discord 等）与粉丝建立长期联系，提高自身的品牌影响力。此外，一些解说员会开展电竞培训业务，如开设战术教学课程、举办电竞讲座等，以拓宽自己的职业发展路径。通过打造个人品牌，电竞赛事解说员可以摆脱对赛事官方的依赖，建立更自主的职业发展模式。这种模式不仅提升了解说员的收入稳定性，也增强了其在电竞行业中的市场竞争力。

（五）电竞赛事解说职业发展前景

随着电竞产业的全球化发展，电竞赛事解说的职业前景愈发广阔，解说员不仅将继续在赛事解说领域发挥重要作用，还将在新媒体、教育、品牌运营等多个领域获得更广泛的发展空间。

电竞市场的持续增长为解说行业带来了巨大的发展潜力。全球电竞市场的规模不断扩大，赛事数量和观众基数不断攀升，为电竞赛事解说行业提供了更多的就业机会。例如，《英雄联盟》全球总决赛和《Dota 2》国际邀请赛等大型赛事的持续火爆，促使解说行业的人才需求不断增加。同时，移动电竞的兴起，如《王者荣耀》和《和平精英》，也为解说员提供了新的职业发展机会。特别是在移动电竞领域，短视频解说和直播解说的需求较高，使更多解说员得以进入市场，找到适合自己的发展模式，进一步拓宽了电竞解说的职业领域。

随着新媒体技术的快速发展，电竞赛事解说行业的表现形式也在不断创新。人工智能、VR/AR 技术和数据分析的应用，使电竞赛事解说内容更加丰富和直观，提升了观众的观赛体验。例如，AI 辅助解说、数据可视化战术分析和虚拟现实观赛技术的引入，不仅为电竞赛事增添了更多层次的解读，也让观众能通过新的技术手段更加沉浸在赛事中。这些技术的应用促使解说员不断提升自身的技术素养，熟练运用新媒体工具，以适应行业的发展。例如，许多解说员已经开始使用 AI 数据分析工具，以提供更加精确的战术预测和选手表现分析，进一步提升自身解说的专业性和深度。

同时，跨界发展正在成为电竞赛事解说员职业进阶的重要方向。未来电竞赛事解说员不仅能继续在赛事解说领域深耕，还可以进入电竞赛事策划、电竞媒体运营和游戏开发等领域，拓宽职业发展的路径。此外，部分解说员还可能转向娱乐行业、体育行业等领域，如主持电竞综艺节目、成为电竞赛事推广大使等，进一步增强职业稳定性。电竞赛事解说员不仅需要具备扎实的专业能力，还需在新媒体运营、品牌建设和商业合作等方面不断提升自己，以在电竞行业中占据更加有利的市场位置。

总而言之，电竞赛事解说员的职业前景正朝着多元化方向发展。随着电竞产业的不断扩展和新技术的融入，解说员不仅需要提升传统解说能力，还需适应技术革新和跨界发展的需求，以在日益激烈的电竞行业竞争中脱颖而出。

六、网络直播行业：如何构建个人品牌与带货逻辑

随着数字经济的快速发展，直播电商已成为零售行业的重要模式，直播带货主持人（电商主播）在其中发挥着核心作用。相较于传统主持人，直播带货主持人不仅要具备出色的语言表达能力，还需要掌握市场分析、用户心理、产品营销等多方面的知识，以实现高效的销售转化。[①]

（一）直播电商行业的发展现状与趋势

1. 直播电商市场呈爆发式增长

近年来，直播电商市场呈现指数级增长，成为中国乃至全球零售行业的重要组成部分。据《2024 直播行业简析报告》[②]，2017 年至 2022 年，国内直播电商市场交易规模分别为 196.4 亿元、1354.1

---

① 胡天琪，梁萌 . 直播带货团队的劳动控制与权力结构 [J]. 中国青年研究，2025（1）：53–61，43.

② 嘉世咨询 .2024 直播行业简析报告 [R].2024.

亿元、4437.5 亿元、12850 亿元、23615.1 亿元、35000 亿元。2023 年直播电商交易规模达到 49168 亿元，同比增长 40.48%，且仍保持高增长趋势。这一行业的兴起得益于社交媒体、短视频平台和电商平台的深度融合，使消费者能够以更直观的方式了解产品，并通过即时互动增强购买决策的信心。

图 3　直播电商市场规模及其增长率数据图

2. 直播行业产业链与商业模式

直播行业的商业模式正经历着深刻的多样化转型，随着产业链的逐渐完善，三大主要商业模式（直播打赏、广告变现、直播带货）不断创新和融合，其中直播带货已成为最为成熟的商业模式之一，并逐步形成品牌自播、达人直播以及机构矩阵直播等多种运营模式。

首先，品牌自播模式是企业通过自建直播团队直接在平台上进行产品推广。通过这种模式，企业能够与消费者进行长期稳定的互动，从而增强品牌的认知度和忠诚度。知名品牌如李宁和华为已设立官方直播间，不仅仅用于产品推广，还通过与观众的实时互动，提升品牌的市场渗透力。品牌自播让企业能够完全掌控品牌传播的全流程，使自身在品牌建设和市场占有率上具有显著优势。

其次，达人直播模式是以个体主播为核心，依托其强大的个人影响力和粉丝基础进行产品推广。这些主播通常具备强大的个人 IP 和粉丝群体，通过与粉丝建立深厚的情感连接来提升产品推广的说服力。例如，抖音上的一些头部主播凭借其专业的产品推荐能力和巨大的粉丝效应，成为品牌合作的关键推手。达人直播模式通过主播的个人魅力激发观众的购买欲望，从而促进即时消费并推动销量增长。

最后，机构矩阵直播模式是由多频道网络（Multi-Channel Network，MCN）机构运营多个直播账号，通过大规模内容生产和精准的用户定位，提升产品的曝光度和销量。MCN 机构不仅帮助主播塑造个人品牌，还通过资源整合和多个直播账号的管理，覆盖更广泛的市场并提升销售额。这种模式能够通过整合不同领域的粉丝群体，打造跨行业的产品推广矩阵，形成规模效应，推动更大范围的市场渗透和多样化推广。

通过品牌自播、达人直播和机构矩阵直播这三种模式的组合，直播带货不仅增强了品牌影响力，还提升了销售转化率，并为企业和主播创造了长期的商业价值。①

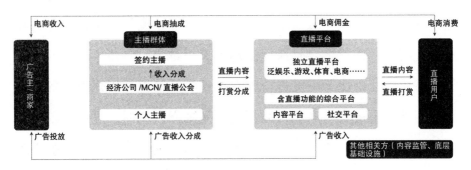

图 4　直播行业产业链矩阵图

3. 直播带货主持的职业化趋势

随着直播带货行业的不断发展与竞争的加剧，直播带货主持人逐渐向职业化和专业化方向发展。优秀的直播带货主持人不仅要具备良好的语言表达能力，还需要在多个维度上提升自己，以适应快速变化的行业需求。直播带货的主持人已经不再只是单纯的"卖货员"，而是需要成为一名全能型的"商业策划者"，具备多种核心能力。

首先，数据分析能力成为直播带货主持人不可或缺的能力。随着直播平台的数据化发展，主持人需要通过分析观众的观看行为、点击率、购买转化率等关键数据，来调整自己的推销策略。通过数据分析，主持人可以更好地了解观众的兴趣和需求，从而为观众精准推荐产品，提高销售转化率。这种能力不仅仅体现在要在直播过程中实时调整推销策略，也涉及对直播后期数据的解读，以及优化未来的内容策划。

---

① 嘉世咨询 .2024 直播行业简析报告 [R].2024.

其次，选品逻辑同样是直播带货主持人职业化发展的关键因素。优秀的直播带货主持人需要具备良好的选品眼光，了解市场趋势和消费者需求，选择适合直播间的产品进行推销。主持人不仅要从产品的品质、性价比等角度进行甄选，还要能够根据观众群体的消费偏好，挑选出最受欢迎的商品。在与品牌方合作时，主持人还需要根据品牌的特点，制定个性化的推荐方案，确保产品与观众的需求相契合。

除了选品能力，场控能力也是直播带货主持人的重要素质。直播带货主持人要在极短的时间内调动观众的情绪，使他们产生购买欲望。主持人需要通过语言、表情、肢体语言等多方面的互动来营造活跃的直播氛围，提升观众的参与感和购买兴趣。在直播过程中，主持人还需要应对突发情况，如产品信息错误、观众提问等，保持直播内容的流畅性和专业性。

最后，用户心理研究也是直播带货主持人的核心能力之一。想要理解观众的心理需求，主持人就需要深入研究观众的购买动机、情感需求等，通过言语和互动技巧进行有效的沟通。通过与观众建立情感连接，主持人能够更加精准地推送产品，激发观众的购买欲望。此外，随着直播带货的个性化趋势，主持人还需要根据不同观众群体的心理特点来调整推荐策略，从而提高观众的满意度和忠诚度。

随着直播带货行业的发展，主持人需要不断提升自己的职业化素养，拓展多项专业技能，才能在竞争激烈的市场中脱颖而出。如图5所示，数据分析、选品逻辑、场控能力和用户心理研究等综合能力，已成为直播带货主持人迈向职业化发展的关键驱动力。这不仅能够提高个人的专业能力，也为整个行业的健康发展奠定了基础。

图 5　直播带货商业模式分析图 [①]

（二）直播电商主持人与品牌方的合作模式

在直播电商的蓬勃发展中，品牌方与直播电商主持人的合作模式日趋多样化，从最初的单次推广逐步转变为长期战略合作关系。这种合作不仅对品牌销售业绩产生了重大影响，也塑造了直播电商主持人的职业发展路径，并推动了行业整体的成熟与发展。

品牌专场直播合作是品牌方与直播电商主持人最常见的合作形式之一。品牌方邀请知名主播进行单品牌专场销售，通过主播的影响力提升产品曝光率，精准锁定目标消费群体。例如，某护肤品牌通过与知名主播合作，在直播中展示产品使用效果并提供专属折扣，从而大幅提升销量。这种模式通过直播互动解答、现场试用等方式，能够增强用户购买信心，在推动销量的同时也提升了品牌的市场认知度。

---

① 嘉世咨询.2024 直播行业简析报告 [R].2024.

佣金制合作是另一种流行的合作模式，主播通过销售每件产品获得一定比例的佣金。与固定费用模式相比，佣金制合作能够激励主播更加积极地推介产品并提高销售转化率。例如，许多头部主播通过"限时特惠"和"独家福利"等话术，营造稀缺感，激发观众的购买欲望。佣金制合作模式不仅促使主播不断提升销售能力，也使品牌方能够灵活调整与主播的合作深度，实现利润最大化。

品牌联名与产品定制合作为品牌方和主播之间的合作带来了更深层次的整合。近年来，顶级主播与品牌方的合作方式逐渐从单纯的带货向深度联名、定制产品的方向发展。例如，某美妆主播与知名品牌合作推出联名款口红，不仅凭借主播的个人影响力提升了品牌销量，也进一步提升了主播自身的品牌价值。这种合作模式使主播从单一的带货角色逐步发展为产品合伙人，增强了品牌的独特性和市场竞争力。

品牌自播与达人直播结合是品牌自播模式与达人直播模式的深度融合。越来越多的品牌开始通过建立自己的直播间进行长期稳定的运营，但为了增强品牌影响力并吸引更多流量，品牌仍然依赖知名主播的带动。通过结合"品牌自播＋达人直播"策略，品牌在官方直播间进行日常带货的同时，与达人主播合作进行爆款推广，实现双重赋能。这种合作方式不仅保障了品牌的持续运营，还能通过达人主播的个人影响力迅速拉升销量，提高市场渗透率。

综上所述，品牌方与直播电商主持人的合作模式正日益多样化，通过品牌专场、佣金制合作、品牌联名以及自播与达人直播结合等多种创新形式，品牌与主持人共同推动着直播电商行业的发展。这些合作不仅增强了品牌的市场竞争力，也帮助主播从单纯的带货角色转型为多元化的内容创造者，推动了整个行业的职业化和品牌化发展。

（三）直播带货的市场竞争与个人品牌建设

在直播电商行业的快速发展中，市场竞争日益激烈，直播带货主持人在面临激烈的竞争压力的同时，还需要通过差异化的个人品牌建设脱颖而出。直播平台可分为独立直播应用程序以及有直播功能的其他应用程序，如短、中视频内容平台以及社交网络平台等，端口有移动端、PC 端应用程序及网站，以及微信小程序等。按内容类型分类[①]，主要可分为内容直播、电商直播和企业直播三大类，其中内容直播细分垂类丰富，包含娱乐、财经、体育、电竞、"三农"、演出等内容品类，直播平台既有以其中某个品类为主的垂类直播平台，也有包含多品类的综合直播平台。如图 6 所示。

图 6　主要直播平台内容类型分类图

---

① 嘉世咨询 .2024 直播行业简析报告 [R].2024.

1. 直播带货市场竞争的加剧

随着越来越多的品牌、MCN 机构以及个体主播涌入直播电商领域，市场竞争愈发激烈。头部主播凭借庞大的粉丝基础、强大的议价能力以及高流量，已占据了大量市场份额，而中小型主播则面临着较大的挑战。为了在这种竞争中脱颖而出，中小主播们开始寻找独特的差异化路径。例如，一些主播通过深耕特定垂直领域（如母婴用品、家居生活、户外装备等）来建立专业化形象，吸引精准的受众群体。这种细分市场策略有助于提高主播的专业性，使其成为特定领域的关键人物，从而提高其在竞争激烈的市场中的辨识度。

2. 个人品牌的差异化竞争策略

要在直播带货市场中脱颖而出，主播必须塑造独特的个人品牌形象。许多成功的主播通过个性化的表达方式和品牌形象吸引观众。例如，有的主播通过幽默风趣的语言和互动方式创造轻松愉快的购物氛围，而有的主播则专注于以专业知识为基础的产品解读和使用建议。主播还通过创造专属口头禅、直播中的仪式感等手段，进一步强化自己的品牌特色，从而增强观众对其品牌的认同感。这种差异化的竞争策略能够帮助主播从众多同质化竞争者中脱颖而出，获得更多的忠实粉丝。

3. 短视频与社交媒体内容运营

除了在直播间销售产品，直播带货主持人还需要在短视频平台和社交媒体上进行内容运营，以提升个人品牌的影响力。例如，许多主播通过抖音、小红书等平台发布短视频，展示产品的使用效果、幕后花絮或者消费者的反馈,从而增加观众对产品的信任感。这种"短视频种草＋直播转化"的模式已经成为一种主流营销策略,通过提前在短视频平台吸引观众的注意力,再通过直播间进行最终转化,显著提高了直播销售的转化率。这不仅能够增加销售额,还能有效提升主播在多平台的曝光度和粉丝黏性。

4. 个人品牌的多元化变现方式

随着个人品牌的逐渐成型,许多成功的直播带货主持人开始将品牌延伸至其他领域,实现多元化的商业变现。例如,一些主播通过开设在线课程,教授直播销售技巧,吸引那些希望进入直播行业的学员。这不仅扩大了他们的影响力,还创造了更多的收入来源。此外,主播还可以通过广告代言、知识付费、合作推广等方式进一步拓宽个人品牌的盈利渠道。这些多元化的变现方式为主播提供了更多的职业发展机会,同时也推动了直播带货行业向更加成熟和多元的方向发展。

随着直播带货市场竞争的加剧,主播们需要通过创新的内容运营策略、差异化的品牌建设以及多平台的跨界发展来提升自身的市场竞争力。而随着个人品牌的逐步形成,主播们的职业发展路径也将更加多元化,商业化变现的机会和方式将会更加丰富,从而推动整个直播电商行业的持续发展和成熟。

七、商务主持：会议、商演、婚庆主持的市场需求

（一）商务主持的市场需求与应用场景

商务主持在当代市场经济和社会文化发展中扮演着越来越重要的角色。相较于新闻主持、综艺主持等领域，商务主持人的核心价值不仅体现在语言表达与控场能力上，更在于对特定场合氛围的精准把握、行业知识的积累以及高效的商务沟通能力。无论是在企业年会、商业论坛、产品发布会，还是各类商业演出、婚庆典礼等场合，商务主持人都需要具备高度的职业素养和灵活应变能力，以确保活动流程的顺畅与嘉宾的良好体验。

商务主持的市场需求主要来自三方面：首先，企业与政府机构对高规格、高质量会议的需求持续增长。随着全球化的深入和数字经济的崛起，越来越多的国际峰会、行业论坛和商务洽谈会需要专业主持人协助推动会议进程，提升整体会议的沟通效率与品牌影响力。主持人不仅要熟悉会议的议程安排，还需对行业背景、政策动态以及参会嘉宾的职业背景有充分了解，以便在互动交流中展现专业度，增强会议的层次感和引导性。在这样的场合中，主持人的语言风格需要稳重而得体，既能精准传达会议精神，又能在必要时调动气氛，使会议节奏更加流畅。①

其次，商业演出市场的繁荣推动了商务主持的广泛应用。从品

---

① 王伟. 观众需求研究：以 2017—2018 年贺岁档影片为例 [J]. 电影研究，2019（3）：55-62.

牌发布会、汽车展会、地产推介会到大型综艺演出、晚宴庆典，商务主持人承担着活动现场的控场与气氛调动职责，以确保品牌形象得到最优化的呈现。[①] 在这些场合中，主持人往往需要兼顾商业价值与娱乐性，既要能够精准传达品牌理念，又能通过互动和对现场节奏的调整，激发观众的参与感，增强品牌与消费者之间的情感连接。[②] 因此，优秀的商务主持不仅要具备良好的表达能力，还需掌握一定的市场营销思维，能够根据品牌定位和目标受众调整主持风格，以提升商业活动的传播效果。

最后，婚庆行业对专业主持人的需求也在不断提升。现代婚礼不仅是仪式的承载，更是一场具有纪念意义的文化盛宴，主持人的作用已从简单的流程引导者发展为婚礼氛围的塑造者和情感传递者。[③] 优秀的婚庆主持人需要具备高度的亲和力和感染力，通过精准的语言表达，将新人的爱情故事娓娓道来，同时调动亲友的情绪，使整个婚礼仪式更加感人且富有仪式感。相较于商务会议和商业演出，婚庆主持人的表达方式更为温情和富有个性化，主持人需要根据新人的文化背景、婚礼主题和宾客结构调整话术，确保每一场婚礼都能呈现出专属的温度和故事感。

市场对商务主持人的要求不仅在于具备出色的语言表达能力，

---

① 李菲. 全媒体时代广播主持人的身份转换 [J]. 传媒发展，2022（1）：54–57.

② 徐凯. 新媒体语境下传媒经济发展的新思维探究：评《智媒时代的传媒经济学》[J]. 传媒经济，2024（3）：27–32.

③ 孙健. 通用式媒介技术驱动下的传媒经济研究的现状与走势 [J]. 传媒发展，2022（12）：41–47.

更体现在跨行业知识的积累、商务礼仪的掌握、情境控制的灵活性以及品牌营销能力的培养上。[①] 随着主持行业的精细化发展，商务主持人需要在传统技能的基础上不断拓宽知识边界，提升专业化和个性化服务能力，以满足不同市场的多元化需求。[②] 在未来，商务主持人将成为连接商业、文化、社交的重要桥梁，为各类活动提供更具专业化的服务。

（二）企业会议与行业论坛主持的职业要求和话语体系

企业会议与行业论坛主持作为商务主持的重要分支，承担着专业信息传递、议程引导及讨论促进的多重职能。与综艺类或婚庆主持不同，企业会议主持强调严谨性、专业度和逻辑性，要求主持人具备较强的行业理解能力、敏锐的应变能力及良好的商务沟通素养。在经济全球化和数字化传播的背景下，主持人的角色已从传统的流程串联者，逐步演变为会议内容的组织者和思辨引导者，要求其在信息精准度、表达方式及互动机制上不断优化，以满足日益多元化的市场需求。

企业会议主持涵盖开幕式、主题演讲串联、圆桌讨论、闭幕总结等多个环节，每一个环节都要求主持人具备较强的逻辑梳理能力和即时应变能力。在开幕式中，主持人不仅需要为大会奠定基调，还需精准介绍会议背景、核心议题及嘉宾阵容，以确保观众快速进

① 王文艳.论人工智能时代职业主持人的传播优势 [J]. 传媒前沿，2020（6）：71-74.

② 漆亚林，黄一清.主流媒体与数字平台一体化发展的型构图景与突破进路 [J]. 福建师范大学学报（哲学社会科学版），2024（3）：66-78.

入专业氛围。在主题演讲环节，主持人需熟悉演讲嘉宾的研究方向、企业背景或政策议题，以便在引导发言时增强议题的针对性和连贯性。圆桌讨论则要求主持人对会议主题有深入理解，能够围绕行业发展趋势、市场变革或政策影响提出关键性问题，使嘉宾间的讨论更加深入，避免流于表面化。[①] 此外，在闭幕总结阶段，主持人需要精准概括会议要点，并对核心结论进行总结，使会议内容形成系统化的认知输出。

行业论坛主持人则需要更强的跨学科背景与综合分析能力，以应对不同领域的前沿探讨。与企业会议主要服务于企业内部沟通和品牌塑造不同，行业论坛通常汇聚政界、商界、学界的精英，讨论的内容涉及经济、科技、文化、环境等多个层面。[②] 例如，在科技论坛中，主持人不仅要熟悉人工智能、大数据、区块链等技术，还需理解这些技术如何影响产业发展，以便在嘉宾发言后进行精准总结，并适时引导嘉宾进行深入讨论；而在经济论坛中，主持人需掌握全球经济形势、产业政策及资本市场变化，以确保讨论内容能够与现实经济动态紧密结合。

在语言风格上，企业会议与行业论坛主持强调正式、精准、逻辑清晰的表达方式。相较于娱乐类主持的轻松幽默，商务主持更加强调信息的准确传递，避免冗余和情绪化表达，以确保内容的专业

---

① 王成，叶伟. 高等职业教育高质量发展指数的指标体系构建：基于 70 份政策文本的 NVivo 质性分析 [J]. 教育政策研究，2023（11）：50-61.

② 李菲. 全媒体时代广播主持人的身份转换 [J]. 传媒发展，2022（1）：54-57.

度和权威性。例如，在国际会议场合，主持人需要精准使用行业术语，并结合全球视角进行议题分析，使讨论更具国际化视野。[①] 此外，在面对跨文化交流的论坛时，主持人还需要具备较高的双语沟通能力，能够在不同语言环境下保持语言的流畅度和准确性，以保证国际嘉宾间的顺畅交流。

在新媒体时代，企业会议与行业论坛的传播方式发生了显著变化，传统的线下会议模式正与线上直播、短视频传播相结合，以扩大会议的受众范围和影响力。越来越多的企业开始采用"会议＋直播＋社交媒体"的模式，使行业论坛的传播不再局限于现场参与者，而是通过数字平台向全球受众开放。在这样的趋势下，主持人的表达方式也需适应多媒介环境，既要在现场保持专业性，也要在镜头前优化语言风格，以提升远程观众的观看体验。例如，在某些财经论坛中，主持人会利用实时数据可视化工具，使抽象的经济概念更直观易懂；而在企业峰会上，主持人则可能通过社交媒体互动收集现场观众的实时反馈，以增强讨论的互动性和广泛性。

因此，企业会议与行业论坛主持人已不再是单纯的活动串联者，而是兼具专业引导、逻辑整合和传播优化能力的复合型人才。[②] 未来，商务主持人需要不断拓展自身的行业知识储备，提升对不同领域的

---

① 孙健.通用式媒介技术驱动下的传媒经济研究的现状与走势 [J].传媒发展，2022（12）：41-47.

② BROWN C,Miller T.Ethics of the Attention Economy: The Problem of Social Media Addiction [J]. Journal of Digital Ethics，2022，15（2）：45-53.

理解力，同时结合新媒体传播手段，提高所主持会议的影响力和国际化水平，以满足日益多样化的市场需求。

（三）商业演出主持的市场趋势

在现代市场经济和文化产业发展的推动下，商业演出主持的需求不断扩大，已成为商务主持的重要细分领域。商业演出涵盖品牌发布会、产品推介会、时尚秀、商业庆典、文艺演出等多种形式，主持人的职责不仅是衔接活动流程，更要在品牌与观众之间搭建情感桥梁，确保活动的核心信息得到精准传递，并通过语言、仪态、互动等多维度方式营造现场氛围。[①] 相比于传统会议型主持人，商业演出主持人更具舞台感、表现力和营销意识，需要根据不同的商业需求调整风格，使品牌形象得到最优展现。[②]

近年来，商业演出主持的市场需求呈现出明显的多元化、国际化、品牌化发展趋势。一方面，随着各类企业对品牌塑造和市场推广的重视程度不断提高，商业演出的频率和规模均有所扩大，主持人成为品牌传播中不可或缺的一部分。例如，奢侈品品牌、汽车制造商、科技企业等，纷纷通过大型发布会、巡回展览和品牌盛典等形式向公众展示其最新产品和品牌理念。[③] 在此背景下，商业演出主持人的

---

① 李俊，王宁．"产学研创"教育平台构建融媒体创作人才培养 [J]．传媒与教育，2023（7）：35–42.

② 徐凯．新媒体语境下传媒经济发展的新思维探究：评《智媒时代的传媒经济学》[J]．传媒经济，2024（3）：27–32.

③ 王成，叶伟．高等职业教育高质量发展指数的指标体系构建：基于 70 份政策文本的 NVivo 质性分析 [J]．教育政策研究，2023（11）：50–61.

市场需求也大幅增长，专业主持人的身价随之提升，行业的职业化、专业化程度不断加深。①

另一方面，商业演出主持日益呈现国际化趋势。随着全球经济一体化发展，跨国企业、国际时尚品牌、国际体育赛事等纷纷进入中国市场，商业演出不再局限于本土市场，而是更加强调全球传播和文化交融。例如，上海时装周、北京国际车展、广州国际电影节等活动，均需要具有国际视野、双语能力和跨文化沟通能力的主持人，以确保品牌传播的精准性和有效性。因此，具备良好的外语水平和国际商务沟通经验的主持人在这一市场中更具竞争力。

此外，商业演出主持的品牌化发展趋势愈发明显，部分主持人逐步从幕后走向台前，成为品牌传播的重要 IP。例如，某些时尚品牌会长期与特定主持人合作，使其成为品牌的固定推广人，以增强观众对品牌的认同感和忠诚度。与传统主持仅限于单次活动不同，品牌化主持人通常会通过社交媒体持续输出内容，与品牌形成长期合作关系，在拓展个人影响力的同时，也助力品牌塑造更稳定的市场形象。

（四）商务主持人的品牌建设与高端职业发展路径

1.商务主持人的品牌建设

在当代传媒行业与商务市场的高度融合下，商务主持人正从单一的活动串联者向品牌塑造者、高端商务沟通者的方向发展。一个

---

① 王伟.观众需求研究：以 2017—2018 年贺岁档影片为例 [J].电影研究，2019（3）：55–62.

成功的商务主持人不仅需要具备卓越的语言表达能力和舞台掌控力，还需在市场竞争中构建个人品牌，形成独特的职业形象，以长期保持其市场影响力。品牌建设对于商务主持人而言，不仅是个人知名度的积累，更是专业素养、行业资源和市场信任的象征。[1]

品牌化的商务主持人通常具备清晰的职业定位，以差异化风格赢得特定市场的认可。在高端会议、行业论坛、跨国峰会等场合，主持人需要展现稳健的台风、精准的表达以及对行业内容的深度理解，使自身成为专业场合中不可或缺的一部分。例如，在科技、金融、医疗、法律等专业领域，商务主持人若能深入了解行业趋势、政策背景及关键话题，便能以更高水平的对话能力赢得行业专家、企业高管的信任。部分顶级商务主持人甚至通过深入研究特定行业，成为该领域内兼具主持和内容整合能力的意见领袖，这种专业化品牌建设使他们在高端市场中获得了长期稳定的发展机会。[2]

除了专业化发展，高端商务主持人还需要精心打造个人形象，建立符合自身定位的公众认知。得体的仪态、精准的语言、稳重的风格是商务主持区别于其他类型主持的重要标志。在国际化商务环境中，双语能力和跨文化交流能力成为高端商务主持人的核心竞争力。随着全球化会议和跨国合作的增多，主持人若能熟练掌握英语

---

① 李俊，王宁."产学研创"教育平台构建融媒体创作人才培养[J].传媒与教育，2023（7）：35-42.

② 赵彬，郑宇.教育强国背景下本科及以上职业教育发展逻辑、困境和路径[J].教育经济与管理，2024（5）：89-96.

等外语，熟悉各国商务礼仪，并能在多语言环境下流畅沟通，便能在高端会议、国际峰会等场合占据更有利的市场位置。例如，在世界经济论坛、中国国际进口博览会等重要国际活动中，商务主持人不仅需要准确传达会议精神，还需具备高度的文化敏感性，以确保在不同文化背景下实现有效沟通。

此外，商务主持人的品牌建设还需要依托社交媒体、行业媒体及专业机构的多维度推广。随着数字传播技术的发展，主持人已不再局限于传统的电视台或线下活动，而可以通过短视频、播客、自媒体专栏等形式扩大自身的影响力。例如，一些商务主持人通过定期分享行业热点解析、活动幕后花絮、个人职业心得，在 LinkedIn、微博、B 站等平台积累了大量专业受众，使自己在业内形成更强的品牌认知度。此外，与企业公关团队、市场推广机构建立合作关系，也有助于商务主持人在更广泛的商业市场中获取长期稳定的职业机会。

2. 商务主持人的高端职业发展路径

在个人品牌构建过程中，商务主持人还需注重长期职业发展路径的规划，确保职业成长的持续性。相较于综艺主持人、新闻主持人等的职业路径，商务主持人的职业生命周期通常更长，但同时也需要不断升级自身的知识结构和主持风格，以适应行业变化。许多顶级商务主持人在职业生涯的不同阶段，都会不断调整自身定位。例如，从传统会议主持逐步拓展至行业论坛、国际峰会主持，再向商业咨询师、培训讲师等方向发展，以确保自身价值的长期增长。①
这种多元化的职业路径不仅能够增强商务主持人的竞争力，也能使
其在行业发展中保持更高的议价能力和市场认可度。

此外，商务主持的高端化发展趋势也促使主持人不断提升自己
的综合能力，包括数据分析、商业谈判、市场营销等技能，以便更
好地适应企业高管交流、行业研讨会等高智力密度场景。例如，在
人工智能、区块链、金融科技等新兴行业的高端会议中，商务主持
人若能熟练运用行业术语，准确理解复杂的商业模式，甚至能通过
数据分析辅助解读市场趋势，便能在主持过程中展现更高的专业水
准。这种"内容＋主持"的深度结合模式，使商务主持人不仅是活
动的串联者，更是行业信息的传播者，从而大幅提升其在商业领域
内的价值。②

高端商务主持人的发展路径还包括与知名品牌、国际机构、政
府单位的深度合作，以拓宽自身的职业发展空间。例如，一些优秀
的商务主持人通过与世界 500 强企业、国际组织、大型智库等机构
合作，成为这些机构的指定主持人，进而在全球商务场合中积累更
广泛的行业资源。这种长期稳定的合作模式不仅能为主持人带来可
观的经济回报，还能极大地提升其行业地位和个人品牌影响力。

---

① 王成，叶伟．高等职业教育高质量发展指数的指标体系构建：基于 70 份政策文本的
NVivo 质性分析 [J]．教育政策研究，2023（11）：50–61．

② 王伟．观众需求研究：以 2017—2018 年贺岁档影片为例 [J]．电影研究，2019（3）：55–
62．

因此，商务主持人的品牌建设与高端职业发展路径的达成，不仅需要其具备深厚的语言表达能力和专业素养，更依赖其持续的市场定位优化、行业资源积累以及个人品牌塑造。只有不断适应市场变化、扩展跨领域能力，并在全球化传播环境下构建自身的独特价值，商务主持人才有可能在竞争激烈的市场中脱颖而出，成为行业的佼佼者。

八、影视配音播音：影视、动画、广告配音的市场需求

（一）影视剧配音主持人的核心技能

影视配音播音作为传媒行业的重要分支，在影视剧、动画、广告等领域扮演着至关重要的角色。相较于传统的播音主持，配音主持更强调声音的塑造能力、角色适配度以及情感表现力。近年来，随着影视产业的蓬勃发展，以及新媒体平台的崛起，影视配音行业的市场需求持续扩大，为专业配音人才提供了更广阔的发展空间。

在影视剧配音领域，主持人需要具备扎实的语言功底、精准的情感拿捏能力以及高度的台词适应能力。一部影视剧的成功不仅依赖画面叙事，同样依靠声音表达对情绪的渲染。例如，在中国票房影史冠军《哪吒之魔童闹海》动画电影中，哪吒的配音演员充分利用声音的张力，精准展现了角色的叛逆、孤独与成长转变，使这一角色的形象更具层次感与感染力。这类动画电影的成功表明，声音不仅是信息传递的媒介，更是塑造角色、增强情感共鸣的关键。优秀的配音主持人需要精准理解角色的心理状态，通过语调、节奏、

停顿等细节，将角色的情感表达得更加生动。例如，在历史题材影视剧中，配音主持人需要展现厚重而庄重的音色，而在现代都市剧中，则需要表现出生活化、自然流畅的语言风格。

近年来，人工智能语音合成技术的进步给影视剧配音行业带来了新的机遇和挑战。一方面，AI 配音技术的成熟，使部分标准化的旁白、解说类节目可以通过智能语音合成来完成，提高了制作效率。然而，AI 仍然无法完全取代真人配音，尤其是在情感表达、语气转换、语调细腻度等方面仍存在局限。配音主持人可以通过深耕个性化表达，提升自身的独特音色和语言驾驭能力，以增强其市场竞争力。与此同时，AI 技术的辅助作用也不可忽视，如语音识别、音色调整、多语种转换等工具可以帮助配音主持人优化作品质量，增强国际传播影响力，提高后期制作的效率。主持人若能结合新技术，与人工智能形成互补，必然将在行业变革中占据更有利的位置。

影视剧配音主持人还需要具备强大的即兴表现能力，以应对不同剧本风格和导演需求的变化。在录制过程中，配音主持人经常需要根据导演的即时调整进行语速、情绪和声调上的变化，以匹配画面节奏和人物情绪。特别是在动画电影的配音中，夸张的音调、节奏感强烈的对白，甚至拟声化的表达方式，都是配音主持人的重要技能之一。相较于影视剧配音，动画电影的配音更加注重声音的可塑性和表现力，配音主持人需要在语言表达的基础上，加入丰富的情绪层次，以增强角色的生动性。

此外，影视剧配音市场的竞争也促使配音主持人不断拓宽职业边界。如今，越来越多的配音主持人通过新媒体平台展现个人风格。例如，在短视频平台发布配音作品，或在直播平台进行配音教学、互动，增强观众对配音行业的认知。这种新的传播方式不仅有助于扩大个人影响力，还能为配音主持人提供额外的商业变现渠道，如广告配音合作、品牌推广等。

（二）动画、纪录片、广告配音的语言表达技巧

动画、纪录片与广告配音在语言表达技巧上各具特色，它们不仅要求配音主持人具备扎实的语言功底，更需要他们精准把握不同媒介内容的表达风格，以增强作品的传播力和感染力。动画配音以夸张、生动的语调见长，要求配音主持人在声音塑造方面具备极强的表现力和可塑性，以赋予角色鲜明的个性。在动画电影和儿童剧中，角色往往具有极端化的情绪变化，如极度兴奋、惊恐、愤怒或调皮，这就需要主持人通过精细的声调控制，赋予角色更强的戏剧性。例如，在某些经典动画角色配音中，主持人需要通过高低起伏的语调、丰富的语气词以及夸张的语音节奏，展现角色的夸张情绪和个性化表达。此外，动画配音主持人还需要熟练掌握不同角色的语言特征，以适应多种风格的动画作品。例如，在欧美动画中，角色表达通常更加外放，节奏感强，而在日系动画中，人物内心独白较多，情感表达更加细腻，这要求主持人在配音时要进行不同的调整，以符合目标受众的文化预期。

纪录片配音则强调沉稳、理性、客观的表达方式，通常采用平稳、低沉且富有感染力的语调，以增强信息的权威性和可信度。纪

录片的语言风格往往追求克制和深邃，要求配音主持人能够以冷静而不失情感的语调，准确传达纪录片的叙述逻辑和情感温度。例如，在自然类纪录片中，主持人需要通过柔和的语气，引导观众进入广阔的自然世界，同时使自己的声音兼顾科学性和叙事感，使观众既能获得知识，又能沉浸于画面带来的震撼感。在人文历史类纪录片中，配音主持人需要结合文献资料，使用庄重、平缓的语调，将厚重的历史感传递给观众，使他们能够在声音的引导下，感受到历史事件的起伏变化与人物命运的跌宕。例如，《河西走廊》《大国崛起》等纪录片的配音主持人，通过深沉的声线和恰到好处的停顿，将历史故事娓娓道来，使观众能够沉浸其中，增强信息的吸收度。

广告配音作为商业传播的重要组成部分，则更加注重节奏感、情感调动和品牌氛围的营造。广告的目的在于吸引消费者的注意力并传达品牌理念，因此，广告配音主持人的语言表达需要兼具感染力和亲和力。例如，在化妆品广告配音中，主持人通常采用温柔、富有磁性的嗓音，以营造高端、优雅的品牌形象；而在汽车广告配音中，则需要使用富有力量感的声线，传递产品的强性能与可靠性。此外，广告配音还常常涉及不同受众群体的个性化需求。例如，儿童食品广告往往需要活泼、轻快的语调，而金融类广告则倾向于低沉、稳定的表达方式，以增强观众的信任感。这种因产品特性和目标受众不同而变化的语言表达方式，使广告配音成为一项极具技术性的工作，要求配音主持人具备敏锐的市场洞察力和精准的语音控制能力。

值得注意的是，随着新媒体的兴起，动画、纪录片、广告配音的传播渠道已不再局限于传统电视和电影，而是广泛应用于短视频、社交媒体、数字营销等领域。新媒体平台的短视频广告，更加注重语音的即时吸引力和短时间内的信息传递效果，因此，配音主持人在进行广告配音时，需更加注重声音的节奏和情感调动，以确保观众在几秒钟内能够迅速接受广告信息。与此同时，纪录片的网络化传播，也推动了配音风格的多样化发展，例如在 B 站、抖音等平台上，越来越多的纪录片采用更轻松、更具网络感的配音风格，以吸引年轻观众。这些变化表明，动画、纪录片、广告配音的语言表达技巧不仅要符合传统媒介的专业要求，同时也需要适应新媒体时代的传播需求，不断创新表达方式，以提升声音的市场竞争力。

（三）影视配音行业的发展趋势与市场竞争

影视配音行业正经历着深刻的变革，受全球化、数字技术进步以及新媒体平台兴起的影响，配音市场的竞争愈发激烈，同时也展现出前所未有的机遇。在全球影视产业高速发展的背景下，国际影片的本土化需求大幅增长，尤其在中国，外语影视剧的配音已成为影视发行过程中不可或缺的一环。与此同时，国产影视剧、动画和游戏作品也在不断拓展海外市场，需要专业的配音人才提供多语种配音服务，以增强文化输出的影响力。在这一趋势下，影视配音行业的市场需求不断扩大，配音主持人的职业发展空间更加多元。

市场竞争的加剧使配音行业不再仅仅依赖传统的电视台和电影配音工作室，而是向多元化、碎片化的市场发展。流媒体平台的兴起极大地推动了配音行业的需求增长，Netflix、Disney+、爱奇艺、腾讯视频等平台每年引进大量海外影视作品，并需要进行本土化配音，以满足不同地区观众的收视习惯。例如，近年来《权力的游戏》《巫师》等美剧在中国市场的成功传播，与优质的中文配音密不可分，这表明高质量的配音不仅能够提升剧集的可接受度，也能增强观众的沉浸感。与此同时，配音行业的竞争格局也发生了显著变化，不再仅仅由传统配音演员主导，而吸引了更多广播主持人、短视频创作者、AI 语音合成公司等多方势力的加入，使市场竞争更加多元化。

随着人工智能语音合成技术的不断成熟，影视配音行业正面临新的挑战和机遇。一方面，AI 配音技术的进步使自动化配音的成本降低，并能够实现高效批量化生产，在新闻播报、短视频解说、教育类视频等领域得到了广泛应用。一些影视公司开始尝试使用 AI 进行初步的台词配音，尤其是在动画电影、纪录片旁白等方面，AI 语音合成技术的应用正在逐步扩大。然而，尽管 AI 配音可以在一定程度上提高生产效率，但在情感表达、语气控制、角色塑造等方面仍然无法完全取代人类配音演员。例如，在一些强调情绪表达的影视作品中，如战争题材电影、历史剧等，人工配音仍然是不可替代的，因为 AI 的语音模型难以精准捕捉人物微妙的心理变化与情绪张力。

市场竞争的加剧也促使影视配音行业的专业化程度不断提高，优秀的配音主持人需要具备更为全面的技能，包括对剧本的深入理解、对角色情感的精准把握、对语速和节奏的灵活调整等。在传统配音行业中，许多配音演员往往专注于某一特定类型的影视作品，如历史剧、动画、纪录片等，但如今，随着市场对多面向配音人才需求的增长，跨类型的配音能力成为配音主持人竞争力的重要体现。例如，一些配音主持人不仅能够胜任动画电影的角色塑造，还能精准把握纪录片的旁白风格，甚至在广告配音、短视频解说、游戏配音等领域都有所涉猎，从而提升自身的市场竞争力。

此外，影视配音行业的商业模式也在不断创新，配音主持人正在逐步从幕后走向台前，建立个人品牌，增强市场认知度。传统的配音工作大多由专业配音公司和电视台组织，配音演员的知名度往往较低，但近年来，随着社交媒体、短视频平台的崛起，越来越多的配音主持人通过网络平台直接与观众互动，打造个人IP。例如，B站、抖音上的一些知名配音UP主，不仅发布影视剧、动画片段的二次配音作品，还会分享配音技巧、行业内幕，甚至开设线上课程，形成了新的商业变现模式。这种模式的出现，使配音主持人不仅仅依赖影视公司提供的工作机会，而能够主动拓展市场，创造属于自己的商业价值。

总的来看，影视配音行业的市场竞争正在向多维度、多层次发展，未来的配音主持人不仅需要具备扎实的语言功底和角色塑造能力，还需要顺应数字化时代的潮流，掌握AI配音技术，适应流媒体平台的市场需求，并通过社交媒体和个人品牌建设增强市场影响力。随着全球影视产业的持续扩张，配音主持人的职业发展路径将更加丰富，而那些能够在传统配音技巧与新兴市场需求之间找到平衡的主持人，将在这一行业竞争中占据更大的优势。

（四）影视配音主持人如何在数字化时代拓宽职业路径

影视配音主持人在数字化时代面临着前所未有的机遇和挑战。随着传媒行业的数字化转型，传统配音主持人的职业路径正在被重新定义，市场需求的变化促使从业者需要不断拓宽自身的业务范围，提高技术能力，并在新的传播平台上建立个人品牌。配音主持人不再局限于电影、电视剧、动画等传统领域，而是在短视频、游戏、AI合成语音、VR/AR等新兴市场中找到了更广阔的发展空间。

在短视频与社交媒体兴起的背景下，影视配音主持人逐渐从幕后走向台前，通过自媒体运营获得更大的市场影响力。抖音、B站、快手等平台为配音主持提供了展示才华的窗口，不少配音演员开始在这些平台上发布个人作品，包括影视剧片段二次配音、动漫角色演绎、广告旁白以及个人创意配音等内容。这些内容能够吸引粉丝关注，使主持人直接与受众建立联系，从而增强其行业影响力，并实现商业化变现。相比传统的配音工作室，数字化时代的配音主持人可以直接通过社交媒体平台接洽客户，降低职业门槛，提高工作自由度，实现自我品牌运营。

不仅如此，游戏配音行业的发展也为影视配音主持人提供了新的发展空间。近年来，全球游戏市场的扩张推动了配音行业的细分发展，越来越多的游戏公司需要高质量的配音服务，以提高用户对于游戏体验的沉浸感。不同于影视剧，游戏配音通常需要多层次的情绪表达，从而适应不同的游戏场景，如角色对话、战斗语音、任务指引、剧情动画等。优秀的配音主持人可以通过多变的声音塑造独特的角色个性，并在游戏配音市场中占据一席之地。例如，一些知名游戏作品，如《原神》《魔兽世界》等，其配音演员在游戏发布后迅速获得知名度，甚至被邀请参与线下粉丝见面会和游戏展览活动，这表明游戏配音已成为影视配音之外的重要职业发展方向。

随着人工智能语音合成技术的广泛应用，影视配音行业正迎来一场深刻的变革。AI 合成语音技术已经在新闻播报、短视频旁白、教育培训等领域得到应用，甚至一些影视公司也开始尝试使用 AI 进行基础对白合成。然而，尽管 AI 技术能够提升配音效率，但在个性化、情绪表达、语音微调等方面仍无法取代人类配音演员。因此，影视配音主持人需要掌握 AI 辅助工具，并结合自身的专业能力，形成"AI + 人声"的双重竞争优势。例如，部分配音主持人已经开始利用 AI 语音生成工具对配音作品进行优化，使其更符合影视剧、动画、广告等不同场景的需求，同时保持个人的独特风格，以提升自身的市场竞争力。

数字化时代还催生了虚拟偶像、虚拟主播等新兴行业，配音主持人可以借助这一趋势拓宽职业路径。在元宇宙和虚拟现实技术的推动下，许多品牌和娱乐公司推出了虚拟偶像或数字人 IP，这些虚拟角色需要专业的配音演员赋予其个性化的声音，使其具备更强的情感表达力和市场辨识度。例如，中国虚拟偶像洛天依、日本的初音未来等，都依赖专业的配音团队进行声音塑造，而配音主持人可以通过参与虚拟偶像的创作和运营，实现跨媒介的职业发展。

随着全球影视产业的加速融合，跨文化传播对影视配音主持行业提出了更高的需求，推动这一职业向国际化、多语种方向发展。近年来，国产影视作品在海外市场的影响力逐步提升，越来越多的电影、动画、纪录片等作品需要进行本土化配音，以适应不同国家和地区观众的观影习惯。在此背景下，优秀的影视配音主持人不仅需要具备扎实的语言表达能力，还应掌握多语种配音技巧，成为跨文化传播的重要桥梁，助力中国影视作品在国际市场中实现更广泛的传播与认可。以国产动画电影《哪吒之魔童闹海》为例，该片在2025年2月14日以全英文版配音形式登陆北美市场，首映即受到热烈追捧，票房表现远超预期，成为近年来华语电影海外上映的又一成功案例。此前，该片已于2月10日在澳大利亚、新西兰进行超前点映，2月13日正式上映，并在2月12日于北美开启限时点映后，正式进入全球院线发行。该影片在北美市场的排片突破700家影院，预售票房超越近20年来华语电影首周末票房表现，澳大利亚、新西兰地区排片总数超过116家，并夺得近20年华语电影在该地区点映票房冠军。如表2所示。未来，该片还将陆续在新加坡、马来西亚、印度尼西亚、菲律宾、越南、泰国、日本、韩国等多个国家上映，预计将在全球范围内掀起新一轮"中国文化热"。而其能够迅速在海外市场获得关注，也得益于精准的多语种配音处理，使本土文化得以更自然地融入国际市场。

表2　《哪吒2》登上全球动画电影前三名

排名	片名	全球票房（亿美元）	年度	产地
1	头脑特工队	16.98	2024	美国
2	冰雪奇缘2	14.53	2019	美国
3	哪吒之魔童闹海	13.90	2025	中国
4	超级马力欧兄弟大电影	13.60	2023	美国、日本
5	冰雪奇缘	13.06	2013	美国
6	超人总动员2	12.43	2018	美国
7	小黄人大眼萌	11.59	2015	美国
8	玩具总动员4	10.73	2019	美国
9	玩具总动员3	10.67	2010	美国
10	海洋奇缘2	10.37	2024	美国

数据来源：开源证券研究所（截至2025年2月13日）

多语种影视配音在这一过程中发挥了至关重要的作用。相比传统字幕翻译，优秀的本土化配音能够帮助外国观众克服语言障碍，增强对影片内容的沉浸感和情感共鸣。例如，《哪吒之魔童闹海》的英文配音版本不仅精准还原了角色的性格特征，还通过地道的英语表达方式使对话更加符合西方观众的语言习惯，从而提高了电影的接受度。这种中文配音与英文配音的无缝转换，正是中国影视作品国际化进程中的重要一环，指明了中国文化走向世界、实现本土化传播的关键路径。

随着国产影视作品在国际市场的加速布局，影视配音主持人的职业发展迎来了新的机遇与挑战。一方面，他们需要不断提升自身的语言能力，包括英语及其他热门外语的发音、语调、文化表达方式等，以便更好地胜任国际化配音工作。另一方面，影视剧、动画、纪录片的全球发行趋势，也要求配音主持人具备更强的文化适应能力，能够理解并掌握不同国家的语言风格、文化习惯，使配音更符合目标市场的需求。此外，人工智能与语音合成技术的进步，也正在推动影视配音行业的变革，未来，配音主持人需要更深入地结合AI配音工具，以提升配音效率和质量，同时确保情感表达的自然度和真实性。从长期来看，影视配音主持行业将在全球化影视市场的推动下迎来更广阔的发展空间。未来，中国影视作品的国际化步伐将持续加快，而配音主持人作为连接不同语言和文化的重要角色，将在全球范围内发挥更大作用。随着技术的进步与市场需求的变化，配音主持行业将进一步向专业化、国际化方向发展，为中国文化走出国门提供强有力的支持，并在全球文化交流的舞台上扮演更重要的角色。

影视配音主持人的职业路径正从单一的影视配音扩展至游戏、短视频、AI语音合成、虚拟偶像、国际配音等多个领域，数字化技术的创新为行业带来了更多元的可能性。未来的配音主持人需要具备更广泛的技能，包括熟练运用数字技术、适应多平台传播模式、培养跨文化沟通能力，并积极拓展个人品牌，才能在竞争激烈的市场环境中占据优势。面对数字化变革，传统的影视配音主持人需要不断适应新技术、新市场需求，以确保自身的职业发展路径更加宽广和可持续。

（五）影视配音播音的品牌化与市场变现策略

影视配音播音行业在数字化浪潮的推动下，品牌化建设与市场变现策略成为配音主持人职业发展的核心议题。与传统的幕后配音模式不同，如今的影视配音主持人越来越多地将自身打造为可辨识的品牌，通过社交媒体、短视频、在线教育、商业合作等多元渠道实现价值最大化。随着受众对个性化内容需求的增加，配音主持人不仅需要具备专业的配音技巧，还需要塑造个人风格，以在行业竞争中建立长期影响力。

品牌化建设是影视配音主持人提升市场认知度的关键。优秀的配音主持人往往能够通过独特的声音特质、稳定的内容输出和多平台运营，构建个人品牌。近年来，许多配音演员通过短视频平台成功吸引粉丝关注，打造个人IP。例如，B站、抖音上活跃的配音创作者，他们通过模仿经典电影对白、二次创作动漫角色、讲解配音技巧等方式，积累了大量忠实粉丝。这些配音主持人不仅在影视行业内获得了更多工作机会，还通过社交媒体的流量变现，实现广告合作、付费订阅等收益模式。在社交媒体上建立个人品牌，不仅提升了配音主持人的市场价值，也让他们在影视配音之外，拓宽了更广阔的商业变现路径。

市场变现策略方面，影视配音主持人可以通过多种方式实现收益增长。首先，商业广告和品牌合作已成为配音主持人主要的收入来源。许多品牌在广告营销中需要专业的配音，以提升品牌调性和传播效果。例如，奢侈品、汽车、电子产品等行业往往会聘请专业配音演员为广告片提供旁白，而知名的配音主持人更容易获得品牌方的青睐，并以较高的价格达成商业合作。此外，一些知名主持人还通过为品牌宣传片、纪录片旁白配音等方式，进一步拓展商业价值，使个人品牌与商业市场紧密结合。

其次，在线教育和知识付费成为配音主持人实现长期收益的重要手段。随着配音行业的不断发展，越来越多的年轻人希望进入这一领域，而经验丰富的配音主持人可以通过开设在线课程、提供一对一培训、出版配音技巧书籍等方式，实现知识变现。例如，一些影视配音主持人已经在知识付费平台如得到、喜马拉雅 FM 等开设课程，讲授如何塑造角色声音、掌握情感表达、优化声音控制等实用技能。这些课程不仅能够为配音主持人带来直接的经济收益，还能够帮助其扩大影响力，建立行业权威形象，从而吸引更多高端合作机会。

再次，影视配音行业的数字版权和 IP 授权也是一个重要的市场变现方向。近年来，部分知名配音主持人开始通过签约音频平台、提供有声书配音、参与游戏角色配音等方式，实现长期稳定的收益。例如，有声书市场的崛起使配音主持人可以长期获得作品的分成，尤其是涉及畅销书籍或热门 IP 改编作品时，配音主持人可以获得较高的报酬，并进一步提升个人品牌知名度。同样，参与游戏角色配音也可以带来长期的收益分成，尤其是那些具备持续运营能力的游戏产品，如《英雄联盟》《王者荣耀》等，它们的角色配音往往需要长期维护，并与游戏更新同步优化，这使配音主持人能够获得持续性的经济回报。

最后，除了传统影视、游戏、有声书等领域，虚拟主播和 AI 语音市场也为配音主持人提供了新的市场机会。近年来，虚拟偶像和 AI 语音助手的广泛应用，使配音主持人的声音授权成为热门商业模式。一些企业与配音主持人合作，采集其声音数据，并通过 AI 技术合成语音，将其应用于虚拟主播、智能客服、语音助手等领域。这种模式不仅拓宽了配音主持人的业务边界，也为其提供了全新的商业变现可能性。例如，一些知名的虚拟主播，其背后的配音主持人通过与平台签约，获得稳定的收入，并建立了个人品牌，使自身的声音形象深入人心。

第三章　播音与主持艺术专业教育的改革与创新

第一节　传统播音与主持艺术教育的局限性

一、课程体系滞后于行业发展

在当前媒体格局的剧变下，播音与主持艺术教育的课程体系显得相对滞后，未能及时响应新媒体环境的深度变革。传统的广播电视课程仍然占据核心地位，而新媒体技能、数字传播与审美教育课程的缺失，导致学生难以适应当下多元化的传播形态。此外，课程内容未能充分融合短视频、直播、电商、人工智能等新兴传播方式及新兴审美形态，使播音与主持艺术专业的培养方向和行业现实需求之间存在显著落差。

（一）传统课程结构仍以广播电视为核心

尽管新媒体生态已成为当前传媒行业的重要发展方向，但多数高校的播音与主持艺术课程体系仍以传统广播电视为核心，课程设置集中在新闻播报、访谈技巧、综艺主持、现场报道等经典电视主持范畴。这一结构固然奠定了主持人的专业基础，但未能满足行业对主持人跨平台传播能力的迫切需求。例如，许多课程仍然采用模拟电视台新闻联播的训练方式，而非结合短视频新闻、直播报道等新兴媒体形态进行实践。这种局限性使学生在学习过程中缺乏对当前主流传播方式的认知，而在进入职场后，需要进行额外的自学和适应期才能真正符合市场需求。

传统课程的另一个问题是过于强调规范化表达，而忽略了新媒体时代个性化表达的趋势。在广播电视时代，主持人需要遵循严格的语言规范和表达风格，以保持媒体的公信力和专业性。然而，新媒体环境下，观众更倾向于具有个人风格的主持人，如短视频主持人更加强调幽默、互动和故事化表达，而传统课程在这一方面的培养较为薄弱。此外，传统课程仍然主要依赖线性传播的思维模式，而现代媒体环境更强调非线性传播和算法推荐，这导致学生在学习过程中难以适应以用户为中心的内容生产逻辑。

除此之外，传统课程中过度强调技术性训练，而对主持人在节目中的情感表达、语言美学、视觉呈现等审美能力关注不足。目前，大多数课程主要培养主持人的播报技巧、语言规范以及基本的节目控制能力，但对其在主持过程中的审美感知、情绪表达、视觉符号运用、场景氛围塑造等方面的培养较为缺乏。例如，传统课程往往注重新闻播报的"标准性"和"规范性"，但忽略了如何通过语音美感、节奏感、情感共鸣等要素增强主持风格的艺术性。此外，在新媒体环境中，短视频、直播节目的视觉呈现和美学表达同样成为影响观众体验的重要因素，而传统课程未能充分涵盖影像美学、色彩运用、场景设计等内容，这使学生缺乏视觉美学意识，影响其日后在新媒体环境中的适应性。[①]

近年来，审美教育在播音与主持人才培养中的重要性逐渐受到关注。在媒介环境日益多元化的背景下，主持人的职业发展不仅要求其具备良好的语言能力和内容策划能力，还要求其具备深厚的审美修养，以适应不同类型的节目需求。例如，文化类、知识类节目对主持人的文化积累和美学素养提出了更高的要求，而娱乐类、综艺类节目则需要主持人具备对视觉风格的审美把控能力。此外，审美教育不仅影响主持人的表达方式，还决定了其个人品牌的塑造。Tao[②]在对新媒体主持人职业发展的研究中发现，具备独特美学风格的主持人更容易获得受众认可和市场关注，而缺乏美学素养的主持人在多平台传播环境中往往难以形成稳定的观众群体。

为了适应新媒体环境的需求，审美教育的融入已成为主持艺术教育改革的必然趋势。语言艺术与美学的结合能够提升主持人的表

---

① LU A.Construction and Reflection on College Students' Aesthetic Education based on Cultural Confidence [J]. Transactions on Social Science, Education and Humanities Research，2024，7：388–394.

② TAO Y.Integrating Aesthetic Education in Quality Education: A Bibliometric Analysis of Sustainable Development Perspectives [J]. Sustainability，2024，16（855）.

达深度，使其在信息传递过程中更具感染力和艺术价值。高校在培养主持人时，应将美学教育纳入核心课程体系，不仅包括声音美学训练，还应涵盖视觉呈现、情感表达、场景设计等多个维度。此外，周宪[1]进一步指出，审美教育不仅能够提升主持人的专业素养，还能在跨文化传播和国际化表达中发挥重要作用，使主持人在不同文化背景下都能具备高度的适应能力。

基于此，面对当前媒体环境的快速变迁，传统课程体系不仅需要在技术层面进行更新，更需要在美学教育方面进行升级。应增加美学基础、语言艺术审美、跨文化审美表达等课程，使学生能够更好地运用美学素养提升主持表现力。[2]例如，可以在播音训练中引入声音美学与韵律训练，帮助学生理解如何通过音调、节奏、停顿等塑造更具感染力的表达方式；在节目制作课程中，引入视觉传播美学，培养主持人对舞台灯光、服装搭配、镜头语言等方面的整体把控能力；在新媒体内容策划课程中，融入跨文化审美表达的训练，提升主持人在国际化传播中的艺术素养和文化适应能力。[3]

此外，美学素养的提升也能够增强主持人的创造力和内容创新能力。龙静云和崔晋文[4]在研究中指出，优秀的主持人往往能够在节

---

[1] 周宪.何为美育与美育为何 [J].文艺争鸣，2022（03）：90-97.

[2] 周畅.互联网时代美育教育面临的机遇与挑战：评《审美教育"以美育德"的机理研究》[J].科技管理研究，2022，42（17）：271.

[3] 郝峰.教师专业发展中审美教育的逻辑与路径 [J].教育理论与实践，2019（12）：58.

[4] 龙静云，崔晋文.审美教育的实质及其对大学生的教育价值 [J].学校党建与思想教育，2019（12）：15.

目中通过独特的语言节奏、语境转换、视觉呈现等方式创造更加生动的传播效果，而这些能力的培养离不开系统的审美训练。张玉能[①]则强调，审美教育不仅能够提升主持人的职业竞争力，还能促使其在行业中形成独特的个人风格，增强其职业持久性和市场吸引力。

由此可见，传统课程体系的改革不仅需要关注媒介技术和传播模式的变化，更需要提升主持人的审美修养和艺术表达能力，使其在未来的职业发展中能够兼具专业性和艺术性，从而满足全媒体时代的多元化需求。

（二）新媒体技能、数字传播和审美教育课程缺失

随着社交媒体、短视频平台、直播电商等新兴媒介形式的兴起，播音与主持行业对新媒体技能的需求不断攀升。然而，许多高校的播音与主持艺术专业在课程设置上仍然缺乏对数字传播技能的培养，使毕业生在面对新媒体市场时处于被动地位。例如，当前的课程体系往往缺少对短视频策划、直播互动、AI语音合成、数据驱动传播等核心能力的训练，导致学生在进入市场后，需要依赖个人摸索或自学来掌握这些关键技能。

1. 新媒体技能与数字传播能力的欠缺

数字传播能力的培养不仅涉及对技术工具的使用，更关乎传播思维的转变。在传统的电视主持培训中，主持人主要依赖预设脚本和编辑流程，而新媒体传播强调即时互动、数据反馈和内容优化。

---

① 张玉能.实践转向与审美教育：创美美育与人的自由全面发展[J].甘肃社会科学，2012（6）：40–44.

例如，在直播电商领域，主持人不仅需要具备商品介绍能力，还需要能够实时解答观众问题、分析用户需求，并基于直播数据调整话术策略。然而，目前多数高校的课程并未涉及数据分析、用户行为洞察等内容，导致学生缺乏数据驱动的内容优化能力，这使他们在新媒体行业中的竞争力大打折扣。

此外，新媒体环境下的传播生态强调跨平台融合，主持人不仅要能够在短视频平台上发布内容，还要具备社交媒体营销能力，以扩大个人品牌影响力。然而，大多数高校的课程仍然以单一平台为训练重点，未能在教学中引入多平台运营策略。例如，许多学校的播音课程仅关注如何在传统电视栏目中进行主持，而未涉及如何在微博、B 站、抖音等平台上进行个性化传播，这导致学生在进入市场后难以适应多元化传播渠道的运作模式。

2. 审美教育缺乏：视觉传播、主持风格塑造和跨文化审美能力不足

除了技术技能的缺乏，主持人在短视频和直播平台方面存在形象塑造、背景构图、色彩搭配等视觉审美训练不足的问题，影响传播效果。在传统媒体环境中，主持人的形象多由专业团队（如化妆师、灯光师、布景师）塑造，而在新媒体环境中，许多主持人需要自己设计直播背景、调整镜头构图、运用色彩和视觉元素来提升传播效果。然而，目前高校的课程体系并未系统化地涵盖视觉传播美学、影像叙事、场景设计等关键内容，这使学生在短视频和直播制作时缺乏

审美把控能力①。

近年来，学界越来越关注审美素养在新媒体传播中的作用。在信息过载的环境下，受众往往更倾向于观看视觉美感较强、风格独特的内容，因此主持人需要具备基础的影像美学知识，如构图原则、光影设计、背景搭配等，以增强传播的吸引力。同样，Tao②在研究中发现，短视频主持人如果能够有效运用色彩心理、画面布局、符号象征等美学元素，将更容易在竞争激烈的媒体市场中脱颖而出，建立独特的个人品牌。

目前，许多短视频内容强调故事化表达，要求主持人在进行内容策划时注重视觉叙事与情感共鸣。然而，大多数高校的播音课程并未涉及如何通过视觉元素增强内容感染力，这使学生在短视频创作过程中缺乏美学意识和审美技能。例如，镜头语言的运用、画面节奏的掌控、背景设计的协调等能力，往往是学生进入行业后才开始逐渐摸索，在学校期间却未能得到系统训练。

针对这一问题，高校应该引入新媒体美学、视觉叙事、数字艺术表达等课程，以增强主持人在全媒体环境下的审美创新能力。周宪③指出，在数字媒体时代，传播不仅是信息的传递，更是视觉与听觉体验的结合，因此主持人应接受更为全面的美学训练，以提升内

---

① LU A.Construction and Reflection on College Students' Aesthetic Education Based on Cultural Confidence[J].Transactions on Social Science,Education and Humanities Research，2024，7：388–394.

② TAO Y.Integrating Aesthetic Education in Quality Education: A Bibliometric Analysis of Sustainable Development Perspectives [J]. Sustainability，2024，16（855）.

③ 周宪.何为美育与美育为何 [J]. 文艺争鸣，2022（03）：90–97.

容的表现力和艺术感染力。周畅①也认为,短视频和直播内容的成功很大程度上依赖主持人优秀的视觉风格塑造和审美表达,因此,课程改革应涵盖短视频镜头语言、直播场景设计、数字化影像美学等内容,以增强主持人在视觉传播中的竞争力。

除了本土化的新媒体美学,高校还应关注跨文化审美能力的培养。郝峰②指出,随着全球化进程的加快,越来越多的主持人需要面对国际受众,无论是在跨境电商直播、外语新闻报道,还是国际会议主持中,对不同文化背景下的审美取向的理解都至关重要。例如,不同国家的观众对色彩搭配、影像风格、肢体语言的偏好存在较大差异,主持人如果能够在视觉表达中体现跨文化审美意识,将有助于提升自己在国际市场中的竞争力。

龙静云和崔晋文③在研究中指出,国际化主持人需要接受系统的文化艺术修养训练,以提高其在不同文化环境下的适应能力。例如,在西方市场,简约、现代感的视觉风格更受欢迎,而在亚洲市场,温暖、细腻的色彩搭配往往更受青睐。因此,高校应在课程中增加跨文化传播美学、全球化媒体艺术表达等内容,使学生具备更广阔的审美视野和文化适应能力。④

① 周畅.互联网时代美育教育面临的机遇与挑战:评《审美教育"以美育德"的机理研究》[J].科技管理研究,2022,42(17):271.

② 郝峰.教师专业发展中审美教育的逻辑与路径[J].教育理论与实践,2019(12):58.

③ 龙静云,崔晋文.审美教育的实质及其对大学生的教育价值[J].学校党建与思想教育,2019(12):15.

④ 张玉能.实践转向与审美教育:创美美育与人的自由全面发展[J].甘肃社会科学,2012(6):40–44.

（三）课程内容未能适应多平台发展需求

在新媒体环境下，主持人的角色已经从单纯的信息传递者，逐步演变为内容生产者、互动引导者和品牌运营者。因此，播音与主持艺术专业的课程内容不仅需要教授学生基本的语言表达和节目组织技巧，还需要涵盖短视频剪辑、直播脚本策划、社交媒体互动、数据分析等多元能力。然而，目前的课程内容仍然较为单一，未能匹配行业对于多维技能的需求。例如，短视频主持人需要掌握内容节奏控制技巧、情绪调动技巧以及算法优化策略，但这些技能在传统课程体系中并未得到充分的重视。

此外，主持人在短视频和直播环境中的情绪管理、语音美学、镜头语言运用等审美能力未被系统培养。在传统电视节目中，主持人通常依赖剪辑和后期优化，而在短视频和直播环境中，主持人的表现必须具备即时性、互动性和情绪感染力。然而，目前的课程并未针对这一需求进行专项训练，这使学生在面对直播电商、短视频 Vlog、社交媒体访谈等节目形式时，缺乏足够的情绪调控能力、语音审美感知以及镜头前的表现技巧。

近年来，审美素养在新媒体传播中的作用逐渐被重视。在短视频与直播环境下，观众的注意力更容易被语音的音色美感、画面构图的视觉美学以及主持人的情绪表现所吸引。因此，缺乏系统的审美训练会直接影响主持人在这些新兴平台上的影响力。此外，在研究中发现，拥有更强镜头表现力和视觉审美素养的主持人，其短视频传播效果和粉丝增长速度往往高于传统主持风格的从业者。

随着 AI 合成技术的广泛应用，新闻播报、广告解说、智能语音助手等领域逐渐开始使用 AI 主持人，这对真人主持人的能力要求提出了新的挑战。主持人不仅需要在语言表达方面超越 AI，还需要具备更强的情绪感染力、知识整合能力、观点输出能力和人机交互能力，以在 AI 时代保持竞争力。然而，目前播音课程在这一领域的涉猎仍然有限，学生在课程中很少接触到 AI 内容生产、虚拟主播互动、智能合成语音调控等新技术，这导致他们在进入市场后面临较高的学习成本。

面对 AI 的冲击，审美能力成为主持人与 AI 竞争的关键优势。AI 虽然可以通过算法优化语言表达，但其在人文表达、语音情绪、非语言交流等方面仍然存在局限。通过加强主持人的审美教育，培养他们在内容创作中的个性化表达能力，可以有效提升其在 AI 时代的职业竞争力。主持人在 AI 环境下必须具备更高的艺术修养和语言美学敏感度，才能在人工智能生成的内容之外，提供更具情感共鸣的表达方式。

目前，许多学校的课程体系仍然以线下课堂教学为主，缺乏与行业的实际对接。例如，在短视频和直播行业中，内容的迭代速度极快，许多最新的传播策略和运营模式往往在课程体系更新之前就已发生变化。如果高校课程未能建立与行业的紧密联系，学生将难以获得最新的行业动态，从而降低市场适应能力。

除此之外，新媒体传播的特点决定了主持人不仅要具备跨平台适应能力，还需要能够在不同媒介环境中进行视觉与语言风格的调整。短视频、直播、社交媒体的传播逻辑与电视、广播完全不同，因此主持人在不同平台上的视觉审美风格和声音表达方式要有所差别，以适应不同的传播环境。然而，目前的课程体系很少涉及这些方面，这使学生在进入市场后需要花费额外的时间和资源进行自我训练。

为了弥补这一短板，周畅[①]认为，高校课程应当整合多平台传播美学、跨媒介表达技巧和数字影像叙事，帮助学生更快适应多元传播环境。例如，在短视频领域，主持人不仅需要掌握内容表达技巧，还需要精通视觉符号运用，以增强传播的感染力。[②]

目前，新媒体行业对视觉传播美学的要求越来越高，尤其在短视频、直播、社交媒体领域，观众更倾向于观看画面美感较强、色彩搭配和背景设计得当的内容。然而，许多播音课程仍然主要教授传统的语言表达与内容策划，并未涉及如何通过镜头运用、灯光布局、舞台设计等手段提升主持效果。[③]

二、主持人跨学科能力培养的缺乏

（一）市场营销、数据分析等知识的欠缺

在当今传媒市场中，主持人已不仅是信息的传递者，更是内容

① 周畅. 互联网时代美育教育面临的机遇与挑战：评《审美教育"以美育德"的机理研究》[J]. 科技管理研究，2022，42（17）：271.

② 郝峰. 教师专业发展中审美教育的逻辑与路径 [J]. 教育理论与实践，2019（12）：58.

③ 龙静云，崔晋文. 审美教育的实质及其对大学生的教育价值 [J]. 学校党建与思想教育，2019（12）：15.

的创造者和品牌的经营者。然而，传统的播音与主持艺术教育体系主要聚焦于语言表达、声音塑造和节目流程等方面，而对于市场营销、数据分析等跨学科知识的培养仍然较为薄弱，导致主持人在面临媒介环境变革时难以迅速适应新生态。尤其在新媒体时代，数据驱动已成为内容传播的重要手段，主持人需要依托用户数据进行受众分析、内容优化、流量管理，才能确保自身的影响力和市场价值。然而，目前高校课程体系仍以传统广播电视为核心，对数据分析在传播实践中的应用涉及较少，导致毕业生进入行业后仍需通过自学或企业培训来弥补相关知识短板。

市场营销能力对于主持人的职业发展也具有至关重要的作用。在短视频和直播经济迅猛发展的背景下，主持人不仅需要拥有优秀的表达能力，还要具备品牌运营意识，懂得如何策划具有传播力的内容，如何利用社交媒体增强个人影响力，以及如何通过品牌合作实现商业变现。但目前，大多数播音与主持艺术专业的课程仍然围绕着传统媒体进行教学，缺乏对于数字营销、用户增长、社群运营等新兴市场模式的系统讲解，这导致许多主持人在职业发展过程中面临瓶颈，难以适应市场需求的变化。例如，电商直播主持人需要具备产品营销和消费心理学的基本认知，能够运用直播间的互动技巧来引导用户消费，而这类能力的培养在传统的播音主持课程中几乎没有涉及。面对这样的问题，许多毕业生不得不通过工作经验的积累来弥补理论知识的缺失，但这显然增加了他们的职业成长成本，使他们在与市场化程度较高的网红主播竞争时处于劣势。

此外，在数据驱动的媒体环境下，主持人需要具备一定的数据分析能力，能够通过数据反馈调整内容策略，提高受众黏性。例如，在短视频平台上，主持人需要了解平台的算法机制，掌握点击率、完播率、用户停留时间等关键指标的影响因素，从而优化自身的传播策略。然而，目前播音与主持艺术专业的课程中，数据分析课程的设置仍然较少，这导致许多学生在进入行业后，对数据指标的解读能力较弱，难以精准把握受众需求。这种能力的缺乏，使许多主持人无法在新媒体环境中充分发挥自身优势，甚至出现"会说话但不会传播"的尴尬局面。

（二）技术素养与新媒体工具应用能力不足

随着数字技术的发展，主持人不仅需要具备语言表达能力，还需要掌握各类新媒体工具，以提升内容制作和传播的效率。然而，传统播音主持教育体系往往忽视了技术素养的培养，这使许多主持人在面对短视频、直播等新兴媒介形式时，缺乏相应的技术支持能力。在新媒体环境下，主持人需要熟练使用视频剪辑软件、直播推流系统、社交媒体管理工具，甚至在部分情况下，还需掌握基础的数据分析、SEO 优化等技能，以增强自身的传播能力和市场竞争力。然而，大多数播音主持专业的课程仍然局限于"前台表达"训练，忽略了"后台技术"训练，使许多毕业生在面对新媒体行业时，无法快速适应数字化内容生产的要求。

例如，在短视频制作领域，许多知名主持人会利用剪辑软件对自己的节目进行二次加工，以适应不同平台的传播需求。然而，大多数播音主持专业的学生并未接受系统的短视频制作培训，在内容分发方面依然依赖传统的节目剪辑团队，而在高度竞争的自媒体环境下，个人品牌的传播需要更强的自主性。此外，直播技术的发展也对主持人提出了新的挑战，许多直播节目需要主持人熟练掌握运用推流软件、进行音视频调试等技术，以确保直播的流畅性和观众的观看体验。然而，在传统的播音主持教学体系中，这类技术训练仍然是缺失的，这导致许多学生在进入行业后，需要通过工作经验或自学来弥补技术短板。

此外，人工智能技术的发展，也在逐步改变主持人的工作方式。例如，许多新闻机构已经开始使用 AI 生成新闻内容，而部分短视频平台也在使用 AI 进行自动剪辑、字幕生成、语音合成等操作。在这样的趋势下，主持人需要对 AI 内容生成技术有所了解，并掌握如何与 AI 工具进行协同工作，以提升自身的内容生产效率。然而，目前的播音主持教育体系仍未对 AI 相关技术进行系统性的引入，这使许多毕业生对这些新兴技术的理解较为有限，影响了他们在行业中的竞争力。

（三）跨文化与跨学科审美能力薄弱

除了本土化的新媒体美学，高校还应关注跨文化审美能力和跨学科审美素养的培养。当前的播音与主持艺术专业教育体系仍然主要聚焦于本土市场和传统语言表达技巧，而忽略了学生在国际传播环境中的审美适应能力和学科交叉能力。

　　郝峰[①]指出，随着全球化进程的加快，越来越多的主持人需要面对国际受众，无论是在跨境电商直播、外语新闻报道，还是国际会议主持中，对不同文化背景下的审美取向的理解都至关重要。例如，不同国家的观众对色彩搭配、影像风格、肢体语言的偏好存在较大差异，主持人如果能够在视觉表达中体现跨文化审美意识，将有助于提升自己在国际市场中的竞争力。

　　然而，目前大多数高校的课程体系仍然以本土化传播为核心，较少涉及全球化传播美学，这导致学生在面对国际传播场景时缺乏足够的适应能力。例如，在跨境电商直播中，针对欧美市场的产品宣传往往更强调"理性消费"和"产品功能性"；而在东亚市场，消费者更容易被"品牌故事"与"视觉情感"打动。因此，国际化的主持人需要具备跨文化市场审美分析能力，才能有效调整传播策略，使其符合不同国家受众的审美偏好。

　　1. 跨文化审美能力的缺乏与行业挑战

　　在国际传播中，审美差异不仅体现在视觉风格上，还涉及语言表达、社交互动、礼仪习惯等多个维度。西方观众更倾向于开放式对话和个性化表达，而东方观众往往更偏好温和委婉的表达方式。这种文化差异不仅影响语言风格，还会使主持人在视觉呈现、情绪表达、内容节奏等方面产生影响。然而，目前的播音课程很少教授如何在不同文化环境中进行有效的视觉与语言表达调整，导致主持

---

　　① 郝峰. 教师专业发展中审美教育的逻辑与路径 [J]. 教育理论与实践，2019（12）：58.

人在国际传播中缺乏适应能力。

国际化主持人不仅需要熟悉语言翻译技巧，更要具备文化适配能力和跨文化视觉审美。例如，在欧美市场，极简主义和高对比度的视觉风格更受欢迎；而在日本和韩国，流畅细腻的画面风格则更受青睐。这种文化差异要求主持人在节目策划、视觉呈现、服装搭配、背景设计等方面要适时进行个性化调整。然而，许多高校的课程体系仍然停留在"语言翻译＋基础传播"的教学模式，而没有深入探讨如何通过审美元素增强跨文化传播的效果。[①]

2. 跨学科审美能力的培养：艺术、科技与传播的融合

除了跨文化审美适应能力，主持人还需要具备跨学科的审美素养，以应对多元化的媒介环境。例如，人工智能生成、数字影像、虚拟现实互动主持等技术正在重塑传媒行业，使主持人在内容策划、舞台视觉、沉浸式传播等方面都需要具备更广泛的知识背景。然而，目前的课程体系很少涉及科技与艺术的融合，这导致学生在面对 AI 驱动的短视频制作、增强现实直播场景、交互式节目设计时缺乏足够的审美判断力[②]。

为了弥补这一短板，龙静云和崔晋文[③]建议，高校应在课程中增加跨学科的审美教育，将传媒学、数字艺术、数据科学等学科内容

① 周畅. 互联网时代美育教育面临的机遇与挑战：评《审美教育"以美育德"的机理研究》[J]. 科技管理研究，2022，42（17）：271.

② 郝峰. 教师专业发展中审美教育的逻辑与路径 [J]. 教育理论与实践，2019（12）：58.

③ 龙静云，崔晋文. 审美教育的实质及其对大学生的教育价值 [J]. 学校党建与思想教育，2019（12）：15.

进行整合。增加数字影像与视觉传播课程，让学生学习影视美学、动态设计、灯光与色彩运用，增强视觉表达能力。促进科技与美学结合，引导学生探索 AI 合成主持、虚拟主播形象设计、互动媒体美学等前沿领域。

张玉能[①]指出，未来的主持人不仅要具备出色的语言表达能力，还要在视觉传播、跨文化适应、科技审美等方面具备综合素养，才能在国际传媒市场中立足。因此，高校课程改革应从语言、艺术、科技三个维度构建全新的审美教育体系，确保主持人在未来的全球化传播环境中保持竞争力。

在当今全球化与数字化快速融合的时代，跨文化审美能力和跨学科美学素养已经成为主持人不可或缺的竞争力。高校应当通过国际传播美学、数字影像设计、科技与美学等多学科内容结合，弥补当前课程体系的不足，使未来的主持人能够在全球化媒介环境中自由切换角色，在科技驱动的传媒行业中创造更具影响力的内容。通过这一改革，高校将能够培养出既具有本土文化根基，又具备国际传播适应力的主持人才，使其在未来的全媒体传播格局中保持领先地位。

（四）复合型人才培养体系尚未建立

随着传媒行业的不断发展，主持人不再只是单一功能的执行者，而是逐步向复合型人才方向发展。然而，目前播音与主持艺术专业

[①]　张玉能. 实践转向与审美教育：创美美育与人的自由全面发展 [J]. 甘肃社会科学，2012（6）：40-44.

教育体系在人才培养模式上，仍然以单一技能培养为主，未能充分整合跨学科知识，导致毕业生在实际工作中面临较大的职业适应挑战。例如，在财经类节目中，主持人需要具备一定的经济学和金融知识，才能够准确解读市场动态，为观众提供有价值的行业分析。然而，许多播音与主持艺术专业的学生在进入财经类节目领域时，发现自己缺乏必要的专业背景，需要进行额外的学习，甚至在求职时面临竞争劣势。

此外，传媒行业对主持人的需求也在不断变化，越来越多的企业希望主持人能够承担更多内容创作和策划的任务，而不仅仅是播报信息。例如，在纪录片制作、文化访谈、知识科普等领域，主持人不仅要能够进行专业表达，还需要具备一定的内容策划能力、文本写作能力，甚至在部分情况下，还需要承担采访、剪辑等多项职责。然而，目前播音与主持艺术专业的课程体系仍然主要围绕"播报"进行训练，缺乏内容策划、节目制作等实用技能的培养，使毕业生在进入市场时，难以满足行业的多元化需求。

面对传媒行业的快速发展，高校应尽快调整培养模式，构建更加开放和综合的人才培养体系，将市场营销、数据分析、内容策划、技术工具应用等知识纳入课程体系，使播音与主持艺术专业的学生在毕业时，能够更加全面地适应行业需求，提高自身的职业竞争力。与此同时，培养跨学科素养不仅能够增强主持人的职业适应能力，也能够推动主持人在不同的媒体环境下，实现更高层次的职业发展，真正成为具备综合能力的新时代传媒人才。

三、教师新媒体实践能力的不足

（一）高校教师对新媒体环境理解不足，缺乏前沿行业认知

在当前传媒行业快速迭代的背景下，高校播音与主持艺术专业的教师面临着行业变革带来的挑战。传统传媒教育长期以广播电视为核心，强调标准化语言训练、新闻播报技巧和现场控场能力，但随着新媒体生态的崛起，传媒行业已从单一传播模式转向多平台、多形式的内容生产模式。然而，部分高校教师由于长期处于理论研究环境，对行业一线的新媒体发展趋势缺乏深入理解，难以在教学中及时调整知识体系，使课程内容与行业实际需求之间存在较大落差。

新媒体环境的核心特征是内容生产的去中心化、传播渠道的多元化以及用户互动模式的变革。相较于传统媒体以机构为中心的传播方式，新媒体强调个体创作者的影响力，通过社交媒体、短视频、直播等方式进行碎片化传播。然而，部分高校教师对这一变化的认知仍停留在传统媒体时代，未能充分理解新媒体内容的生产逻辑和传播机制，导致课程设计仍然以电视新闻、广播节目、正式访谈等形式为主，而对短视频、社交媒体传播、用户运营等新兴传播方式的教学涵盖较少。例如，当前短视频行业已形成以数据驱动内容创作的模式，主持人不仅要具备优秀的表达能力，还需掌握如何基于用户画像、平台算法优化传播效果。然而，这一领域的知识在多数

高校课程体系中尚未得到充分覆盖，使毕业生在进入行业后需要通过额外的自学或企业培训弥补知识缺口。

此外，部分教师在面对行业新变化时，往往依赖传统学术研究的方式进行分析，忽视了新媒体行业的快速实践性特征。新媒体内容的传播方式、用户偏好、技术支持手段等都处于快速迭代之中，单纯依赖文献研究和理论分析难以捕捉行业发展的最新趋势。例如，短视频平台的内容推荐机制、直播带货的互动策略、虚拟主播的技术应用等，均需要通过一线实践积累经验，而非仅凭理论研究加以分析。然而，由于高校教师的工作环境相对稳定，缺乏直接参与行业实践的机会，导致其对这些新兴传播方式的认知较为浅显，难以在课堂上提供高质量的实战案例和技术指导。

（二）教师自身短视频、直播等新媒体运营经验有限，实操能力较弱

新媒体传播环境对主持人的要求已不仅仅局限于语言表达能力，而是进一步延伸至内容策划、短视频剪辑、直播互动等多项技能。然而，当前多数播音与主持艺术专业的教师在这些领域的实操能力仍然较为薄弱，导致其在教学过程中无法为学生提供足够的技术指导，使学生在新媒体内容生产的实践环节缺乏有效的专业引导。

短视频平台的发展使传媒内容的生产模式发生了根本性变化，以往需要庞大制作团队和复杂制作流程的节目内容，现在可以由个体创作者独立完成，甚至许多知名媒体人通过短视频平台建立了个人品牌，实现内容传播的自主化。在这样的环境下，主持人需要熟

练掌握剪辑软件、直播推流系统、社交媒体数据分析等工具，以提高自身的内容生产能力。然而，部分高校教师并未系统学习过这些新技术，导致他们在教授新媒体相关课程时，主要依赖理论讲解，而缺乏实践指导能力。例如，在短视频剪辑课程中，教师通常只能教授基本的视频剪辑原理，而无法提供行业一线的视频处理技巧，如如何优化 BGM 选择、如何设计吸引用户注意力的镜头语言，还有如何利用数据分析提高视频的完播率。

直播行业的兴起进一步加剧了这一问题。在直播带货、在线知识付费、实时互动访谈等领域，主持人的作用不仅是传递信息，还需要引导用户参与、调动直播氛围、处理实时问题。然而，大多数播音主持专业的教师并未真正参与过直播业务，对直播技术、直播运营策略、互动模式等内容的理解相对有限。部分教师甚至对直播行业仍然持有传统传媒视角，将其视为"低门槛、娱乐化"的传播方式，未能充分认识到直播在新闻传播、文化传播、商业传播等领域的深远影响，进而导致相关课程的教学深度不足，使学生在进入行业后仍需依赖企业培训来提升专业技能。

此外，由于高校教师的考核体系仍然主要围绕学术研究展开，实践经验在职业晋升中所占比重较低，许多教师缺乏动力去主动学习新媒体技术或参与行业实践，从而进一步加剧了其新媒体实操能力的不足。这种情况导致高校的播音主持课程与行业的实际需求之间的鸿沟不断扩大，使得毕业生在新媒体传播环境中的竞争力下降。

（三）科研考核体系倾向于传统学术研究，缺少对新媒体实践的激励机制

目前，高校的科研考核体系仍然倾向于传统的学术研究模式，主要考察教师在核心期刊发表的论文数量、科研项目的立项情况等，而对教师在新媒体领域的实践成果关注较少。这样的考核标准导致高校教师更倾向于进行理论研究，而非深入行业实践，使其对新媒体环境的认知和应用能力相对滞后。即便有教师尝试进入新媒体领域进行研究，由于新媒体行业的变化速度极快，学术研究的周期较长，许多研究成果在发表时已经过时，无法为行业提供真正的指导价值。

此外，部分高校在教学管理中仍然强调传统课程体系，未能及时调整考核标准，使教师即便在新媒体实践方面有所建树，也难以获得相应的职称晋升或科研奖励。例如，部分教师可能在短视频平台上拥有大量粉丝，能够通过实践积累丰富的经验，并将其应用于课堂教学，但这些成果往往难以转换为学术成果，使得教师对新媒体实践的参与意愿降低。

（四）高校缺乏教师新媒体技能培训，行业实习与实践机会不足

当前，高校对于教师的职业培训仍然主要围绕传统新闻传播、语言表达、舞台表演等方面展开，而针对新媒体技术、新媒体运营的培训较少，这使教师在教授相关课程时，缺乏实践指导能力。许多高校虽然开设了新媒体相关课程，但由于教师自身缺乏实战经验，课程内容仍然以理论教学为主，未能真正提升学生的实操能力。

此外，由于高校与新媒体行业的联系较为薄弱，教师缺乏进入企业实习或深度参与行业实践的机会，这进一步限制了他们对行业最新发展的了解。部分高校的教师在对学生进行课程教学时仍然沿用传统传媒方式，而未能结合当前行业需求进行调整，使教师在教学过程中难以跟上行业变化的步伐，影响了学生的职业竞争力。

要解决这一问题，高校需要调整教师考核体系，增加对新媒体实践的激励机制，并加强与企业的合作，为教师提供更多行业实践机会，以提升教师的新媒体实操能力和行业认知。

第二节　课程体系改革：从传统培养模式到全媒体适应

当前，播音与主持艺术教育正面临深刻的行业变革，传统的课程体系已难以适应快速发展的全媒体传播环境。随着短视频、直播、电商、人工智能等技术的迅速发展，主持人不再局限于广播电视平台，而是需要在社交媒体、短视频平台、虚拟现实场景、跨国论坛等多元传播环境中灵活转换。因此，高校课程体系的优化调整不仅是行业发展的必然需求，也直接关系到毕业生的就业竞争力与职业适应性。

一、课程体系的优化调整

（一）传统核心课程的升级与创新

传统的播音与主持核心课程主要围绕广播电视新闻播报、现场主持、采访技巧、节目策划等内容展开，这些课程体系的构建基于线性传播模式，强调标准化、专业化的语言表达和新闻播报能力。然而，当前的媒介环境已从单向传播转向互动传播，观众对内容的接受方式也发生了显著变化，原有的课程体系在教学内容和技能培养上都面临挑战。例如，传统的新闻播报课程仍然侧重于央视式的播报方式，强调正式、严肃、稳定的语调，而如今的新媒体新闻传播形式更倾向于个性化、互动性表达，许多受众更喜欢具有亲和力、能够与观众形成情感共鸣的主持风格。这就要求高校对核心课程进行升级，增加更符合新媒体传播环境的语言表达训练，使学生能够在不同平台上实现灵活适应。

此外，传统的播音训练方法强调精准的语音语调，但忽略了跨媒介传播中的个性化表达需求。在短视频、直播等场景下，主持人的语言风格更加多样化，要求具备更自然、更贴近观众的表达方式，而非单一的广播电视语言模式。例如，在新闻短视频中，主播需要在短短几分钟内高效传达信息，同时吸引观众的注意力，而在直播带货场景中，主持人需要具备较强的情绪调动能力，与观众建立更紧密的互动关系。传统课程如果不能适应这些变化，将直接影响毕业生进入行业后的适应能力。

因此，传统核心课程的改革应当聚焦于以下几方面：首先，在新闻播报课程中，引入短视频新闻、Vlog 新闻等新形式，帮助学生掌握更灵活的表达方式；其次，在现场主持课程中，增加互联网直播的实践内容，使学生能够适应多种主持场景；最后，鼓励学生在课堂训练中使用不同传播平台，培养跨媒介表达能力。例如，可以在新闻采访课程中加入社交媒体新闻发布环节，使学生能够熟练运用微博、抖音、B 站等平台进行新闻传播。

（二）新增新媒体、数据分析、品牌运营等课程

新媒体时代，主持人不仅是内容的传播者，更是内容的创造者、运营者和数据分析者。过去，主持人的职业路径相对单一，毕业生多进入电视台、电台等传统媒体机构，而如今，越来越多的主持人选择进入短视频、自媒体、直播电商等领域，甚至通过个人品牌运营实现职业发展。然而，当前的高校课程体系仍然缺乏对这些新领域的系统性教学，导致许多毕业生在进入行业后需要额外学习，甚至依赖企业培训才能掌握实际工作所需的技能。

首先，在课程设置上，应当新增数据分析课程，使学生掌握如何利用用户数据优化内容策略。例如，短视频平台的推荐算法决定了内容的传播效果，主持人需要了解如何通过数据分析优化选题、调整内容方向，以提高传播效果和用户互动率。其次，应增加品牌运营课程，帮助学生理解如何通过个人 IP 建设实现职业发展。如今，许多优秀的主持人已经不再依赖单一媒体机构，而是通过社交媒体构建自己的品牌影响力，实现跨平台运营，如财经主持人通过视频

平台讲解经济热点，文化主持人通过短视频推广传统文化，均是新媒体时代主持职业发展的典型案例。因此，品牌运营课程应涵盖个人品牌定位、社交媒体管理、内容营销策略等内容，使学生具备更强的市场竞争力。

此外，直播行业的快速发展使得"直播表达"成为新媒体传播的重要技能。传统的主持课程主要围绕录播节目和现场播报展开，而直播行业的互动性和即时性要求主持人具备更强的控场能力和观众沟通能力。因此，高校应当增设直播表达课程，教授学生如何在直播场景下快速组织语言、调动气氛、应对突发情况。例如，在电商直播课程中，可以让学生模拟真实的带货直播，学习如何通过互动、场景设计、促销策略吸引观众，增强销售能力；在知识直播课程中，可以让学生练习如何通过有逻辑、有节奏的讲解提升观众的知识获取体验。

（三）新增播音主持美学、美学理论和审美教育课程

在全媒体时代，播音与主持行业对从业者的要求已经远远超越了语言表达的基本能力，视觉美感、声音美学、跨文化适应力和数字艺术表达能力正逐渐成为衡量主持人核心竞争力的重要标准。尽管传统播音主持课程强调语言的精准性和传播逻辑的严谨性，但在短视频、直播、跨文化传播和 AI 合成语音等新兴传播环境中，声音的韵律美、画面的视觉叙事、文化的跨媒介适应、数字影像美学等

因素也在深刻影响主持人的传播效果。Lu[1]指出，观众对现代传媒内容的接受度越来越依赖综合的视听体验，主持人不仅需要传递信息，更需要运用声音、影像、情绪和文化符号构建具有审美吸引力的传播内容。

在当代传媒环境中，受众更容易被具有艺术感染力和美学修养的内容吸引，因此，主持人的声音美感、镜头语言、视觉符号、文化适应能力成为影响传播质量的重要因素。Tao[2]则强调，在短视频、直播电商等新媒体内容生产过程中，主持人如果能够精准把握声音的节奏感、画面的美学构成、内容的叙事节奏、色彩的心理暗示，将能够极大地提升传播效果和观众的情绪共鸣。传统的播音主持课程体系在这方面的培养严重不足，因此，高校课程改革应系统性地引入播音主持美学、美学理论和审美教育课程，以培养主持人在不同媒介环境中的综合美学素养和艺术表达能力。

声音美学与语音表达是美学教育的重要组成部分，主持人的声音不仅需要清晰准确，更要具有情感的流动性、韵律的节奏感和音色的层次感。主持人进行在语言表达时，音调的变化、停顿的节奏、声音的情绪渗透力等因素都能直接影响受众的理解与感受。在新闻播报中，主持人需要保持理性、沉稳的语音控制，而在综艺节目、短视频或直播销售中，则需要更具表现力和感染力的声音表达。主

① LU A.Construction and Reflection on College Students' Aesthetic Education Based on Cultural Confidence [J]. Transactions on Social Science,Education and Humanities Research，2024，7：388–394.

② TAO Y.Integrating Aesthetic Education in Quality Education: A Bibliometric Analysis of Sustainable Development Perspectives [J]. Sustainability，2024，16（855）.

持人的语音美学不仅影响听觉体验，还与视觉传达和情境塑造密切相关，声音的高低起伏、快慢变化、情绪渲染能够引导观众的感知，从而形成更有冲击力的传播效果。

视觉美学与镜头语言同样是主持人审美素养的重要体现。周宪[①]指出，全媒体时代的主持人必须具备影像思维和视觉设计能力，能够在不同的传播场景中运用构图、色彩、光影、镜头调度来增强传播效果。例如，在短视频内容创作中，主持人不仅需要清楚如何调整自身在画面中的位置、如何利用光影增强面部立体感，还需要结合视觉叙事技巧，通过镜头的切换、背景的搭配、色彩的心理暗示增强观众的沉浸感和情绪投入。周畅[②]认为，虚拟现实、AI合成语音、数字影像等技术的发展，正在改变主持人的传播方式，因此，在课程体系中引入数字影像美学、虚拟主持、短视频视觉设计等内容，能够帮助学生适应未来传媒行业的变化。

跨文化美学与国际传播在全球化背景下尤为重要，不同文化背景的观众对色彩的偏好、肢体语言的接受度、声音的节奏感都有不同的审美标准。郝峰[③]指出，主持人如果能够准确理解不同文化语境下的视觉符号和语言表达习惯，不仅能够提升自己所主持节目的传播效果，还能增强自己在国际市场中的竞争力。例如，在欧美媒体

① 周宪.何为美育与美育为何 [J].文艺争鸣，2022（03）：90-97.

② 周畅.互联网时代美育教育面临的机遇与挑战：评《审美教育"以美育德"的机理研究》[J].科技管理研究，2022，42（17）：271.

③ 郝峰.教师专业发展中审美教育的逻辑与路径 [J].教育理论与实践，2019（12）：58.

环境中，简约、直接的表达方式更受欢迎，而在东亚文化环境中，温和、细腻、富有情感层次的表达方式更具吸引力。因此，高校课程改革应结合跨文化传播、符号学、视觉艺术、国际会议主持等内容，使学生在不同文化环境中具备更强的适应能力和传播策略调整能力。

艺术美学与主持风格塑造也应成为主持人综合能力培养的一部分。张玉能[①]指出，优秀的主持人往往具有深厚的艺术素养和文化积淀，这种素养不仅影响他们的语言表达，也体现在他们的节奏感、情绪表达、肢体语言、内容构建等多方面。例如，掌握戏剧的节奏感能够帮助主持人提升故事叙述能力，掌握诗歌的韵律感能够增强其语言表达的节奏感，掌握影视艺术能够帮助主持人理解光影、构图、镜头切换的逻辑，而掌握音乐美学则能够帮助主持人更好地调整语音的音色和层次。因此，在课程改革中，应当引入更多戏剧表演、影视艺术、文学欣赏、音乐美学等课程，帮助主持人构建更加完整的美学体系，使其在内容表达和个人风格塑造上具备更强的创造力。

此外，审美心理学在传播过程中也起到了至关重要的作用，龙静云和崔晋文[②]指出，观众在接收信息时，不仅受到内容本身的影响，还受到色彩、声音、画面节奏、情感共鸣等因素的潜意识引导。不同的视觉元素、声音元素、节奏控制会对观众的情绪和认知产生不

---

① 张玉能. 实践转向与审美教育：创美美育与人的自由全面发展 [J]. 甘肃社会科学，2012（6）：40–44.

② 龙静云，崔晋文. 审美教育的实质及其对大学生的教育价值 [J]. 学校党建与思想教育，2019（12）：15.

同的影响，因此，主持人如果能够掌握审美心理学的基本原理，就可以在传播过程中更加精准地把控信息节奏、视觉氛围、声音韵律，从而提升所主持节目的吸引力和观众参与度。

在全媒体传播环境下，播音与主持人才的培养不能仅仅局限于语言表达和传播技巧，还需要在课程体系中全面融入声音美学、视觉叙事、跨文化传播美学、数字影像艺术、审美心理学等内容。高校课程改革应以"语言＋视觉＋文化＋科技"的综合模式构建播音主持美学教育体系，使学生在未来的传媒行业中具备更强的市场适应力、观众吸引力和个人品牌塑造能力。在未来的媒介环境中，主持人不再仅仅是信息的传播者，而是美学的创造者、媒介内容的设计者、文化价值的引导者，因此，美学教育的融入将成为培养全能型主持人的关键，使其能够在传媒行业的变革中始终保持竞争优势。

（四）适应多平台传播环境的课程整合

当前的传媒环境已经进入全媒体时代，主持人不仅需要掌握电视、广播等传统媒体的传播方式，还需要熟练运用短视频、社交媒体、直播平台进行内容创作和传播。然而，高校课程体系往往仍然按照传统媒介分类，这导致学生在学习过程中缺乏对不同平台内容生产方式的整合能力。例如，新闻主持课程主要针对电视新闻，娱乐主持课程主要针对综艺节目，而短视频、直播等新兴传播形式则缺乏系统性课程覆盖。这种分类模式已经不能满足行业的实际需求，需要进行全媒体课程整合，使学生在学习过程中具备跨平台适应能力。

全媒体课程整合的核心在于培养学生的媒介适应性，使其能够在不同平台上实现内容创作和表达。例如，可以在新闻课程中整合传统电视新闻、短视频新闻和直播新闻，使学生不仅能够胜任电视台的播报任务，也能够在短视频平台进行新闻解读，甚至在直播平台进行实时新闻报道。此外，在综艺主持课程中，可以引入短视频娱乐节目的策划与制作，使学生能够学习如何在短视频平台上进行内容创作，以适应新媒体娱乐节目的发展趋势。

此外，课程整合还需要打破传统的单一授课模式，增加实践训练的比重，使学生能够在真实的传播环境中锻炼跨媒介表达能力。例如，可以通过跨平台项目训练，让学生同时制作不同媒介形式的节目内容，如制作一条新闻短视频，同时撰写一篇新闻报道，并在直播平台上进行新闻解读，以全面提升学生的多平台适应能力。这样的训练方式不仅可以增强学生的实践能力，还可以帮助他们更快地融入行业，减少进入职场后的适应期。

课程体系改革需要以全媒体传播环境为导向，全面优化传统课程内容，引入新媒体、数据分析、品牌运营等新课程，并通过跨平台课程整合提升学生的职业竞争力。只有通过系统性的课程升级，高校才能培养出真正适应新时代传媒行业需求的复合型主持人才，使学生在未来的职业道路上拥有更广阔的发展空间。

二、模块化培养体系的建立

（一）基础课程模块：语言表达、传播学基础

在全媒体时代，语言表达仍然是播音与主持艺术专业的核心课

程，但其内涵和外延已经发生了深刻变化。传统播音主持的语言表达课程主要围绕普通话标准化训练展开，强调语音语调的准确性、发音的规范性以及对语言节奏的掌控。然而，在当前的传播环境下，主持人的语言表达不再局限于单一规范化的表达，而是需要根据不同媒介场景、不同受众群体调整表达方式，以适应多元传播需求。例如，电视新闻主持强调语言的规范性和权威性；广播节目主持则更加注重语言的亲和力和感染力；而短视频、直播等新媒体平台上的主持则需要增强互动性，使自己的表达更具个性化和接地气。

语言表达课程并非传统的普通话语音基础发声训练，而是更注重培养学生不可被 AI 替代的情感交流技能，需要在传统播音发声训练的基础上，引入多场景表达训练，如短视频场景下的轻松表达、直播带货的情绪调动、社交媒体短内容的高效表达等。此外，随着人工智能语音合成技术的发展，主持人的声音品牌化成为一个新的研究方向，课程应当涵盖如何训练个人声音特色、利用 AI 语音生成技术进行内容创作、结合语音识别优化播报效果等新兴内容。

同时，传播学基础课程的升级同样至关重要。以往的传播学教学主要集中在传统大众传播模式，包括施拉姆的传播模式、拉斯韦尔的"5W"模式等，但在数字化、智能化媒介环境下，信息传播方式已经发生了颠覆性变化。社交媒体、短视频平台、算法推荐机制、沉浸式媒介环境等因素共同塑造了新的信息流动模式，使传播者与受众之间的互动更为复杂。因此，传播学课程应当涵盖社交媒体传播规律、算法推荐机制、数字内容营销等内容，使学生能够理解如何在新媒体环境下进行有效传播，并具备制定传播策略的能力。

此外，跨文化交流能力也是新时代主持人不可或缺的技能。随着中国国际影响力的提升，越来越多的主持人需要在国际会议、跨文化论坛等场合发声，这不仅要求主持人具有扎实的语言基础，还需要其对国际传播环境、不同文化语境下的表达方式有所理解。因此，在语言表达与传播学课程中，应适当引入跨文化传播、国际新闻传播等内容，使学生具备应对全球化传播挑战的能力。

（二）专业技能模块：主持实践、新闻访谈、短视频制作

主持实践课程是播音与主持艺术专业的核心课程，直接影响学生的上岗能力。在传统课程设置中，主持实践课程主要围绕新闻播报、访谈节目、综艺主持等领域展开，学生通过朗读新闻稿、进行模拟访谈、实战演练等节目串联的方式提升主持技巧。然而，面对新媒体生态的变化，传统主持实践课程的培养目标和方法亟须改革，以适应数字时代的需求。

新闻访谈课程需要从传统的播报、采访训练扩展到深度报道策划、直播访谈、新媒体内容制作等方面。例如，在新闻直播时代，主持人不仅要会播报，还要具备现场采访、应对突发事件、与观众实时互动的能力。此外，随着数据新闻的兴起，主持人需要掌握一定的数据分析能力，能够从大数据中提取有价值的信息，并在新闻报道中加以应用。

短视频制作课程的加入是对传统课程体系的重要补充。在新媒

体环境下，短视频已经成为重要的信息传播形式，许多知名主持人通过短视频平台扩大了自己的影响力。因此，短视频制作课程需要教授学生短视频脚本策划、拍摄剪辑、视觉呈现、社交媒体运营等知识，使其具备独立创作短视频节目的能力。此外，直播带货、知识分享、Vlog等新型节目形式也应纳入课程，使学生能够熟练运用不同的内容表达方式，实现多样化职业发展。

同时，主持实践课程需要增加跨平台训练，即要求学生在广播、电视、短视频、直播、社交媒体等不同平台进行实践，使其能够适应不同传播环境，掌握不同媒介的表达特点。例如，学生可以尝试在短视频平台发布新闻解读，在直播平台进行即兴访谈，在社交媒体进行热点分析，以全方位提升自己的主持能力。

（三）拓展课程模块：数据分析、人工智能、跨文化传播、审美教育

拓展课程模块旨在培养学生的综合素养，使其具备适应未来媒体行业发展的能力。传统的播音与主持艺术专业课程主要围绕语言与表达展开，而在当前的媒体环境中，主持人需要掌握数据分析、人工智能应用、跨文化传播等多方面能力，同时具备审美素养和美学创造力，如此才能在竞争激烈的传媒行业中脱颖而出。审美教育的缺失导致主持人在节目内容创作、视觉表现、声音美学、跨文化传播等方面的表现力不足，因此，在课程体系中引入审美教育，不仅能够提升主持人的表现力，还能增强其在数字化和国际化传播中

的竞争力。①

数据分析课程的引入，是为了提升学生的市场洞察能力和内容优化能力。在新媒体传播中，流量数据、用户画像、传播效果评估等都是内容创作的重要参考依据。主持人需要学会利用数据分析工具，理解受众行为、分析传播效果、优化内容策略，以提升自己的节目影响力。例如，在短视频运营过程中，如何根据用户观看数据调整内容结构、如何通过数据挖掘热点话题等，都是主持人需要掌握的技能。然而，仅依靠数据分析优化内容是不够的，主持人还需要具备审美判断能力，才能在内容生产过程中创造具有视觉冲击力、声音美感和文化深度的传播作品。数据驱动的内容优化与审美创造力相结合，能够让主持人在短视频、直播、电商等新兴领域中获得更大的吸引力。

人工智能技术的应用正在改变传媒行业，主持人需要适应这一趋势。例如，AI 语音合成技术的进步，使虚拟主播和 AI 主持人逐渐进入主流传播领域，这对真人主持人形成了一定的挑战。因此，人工智能课程应当包括 AI 语音生成、内容自动化生产、智能剪辑与合成等内容，使学生了解如何利用 AI 技术提升工作效率，同时也能与 AI 主持形成差异化竞争。例如，真人主持可以发挥情感共鸣、思维深度、临场应变等优势，与 AI 主持形成互补。然而，在 AI 生成内容逐渐占据市场的情况下，审美能力成为真人主持人的核心竞争力

① 　LU A.Construction and Reflection on College Students' Aesthetic Education Based on Cultural Confidence [J]. Transactions on Social Science,Education and Humanities Research，2024，7：388–394.

之一。尽管某种程度上 AI 能够模仿语音和影像，但无法真正理解文化语境、艺术表达和人类情感，因此，拥有更浓厚的声音美学素养、视觉表达能力、文化艺术修养的真人主持人，能够在 AI 时代保持自己的不可替代性。例如，在 VR/AR 节目中，主持人需要利用舞台美学、影像叙事、表演艺术等多元技能来增强观众的沉浸感，而这些都依赖系统的审美教育。

跨文化传播课程的加入，则是为了适应全球化传播趋势。随着中国媒体在国际上影响力的提升，主持人需要具备国际传播能力、跨文化交流意识、双语沟通能力等。例如，在国际会议主持、跨文化访谈、国际新闻报道等场合，主持人需要对不同文化背景下的语言表达方式有所掌握，并具备灵活的跨文化沟通能力。这一课程应包括全球媒介格局、国际新闻传播模式、跨文化传播策略等内容，使学生能够在全球化语境下更好地完成传播任务。然而，跨文化传播不仅是语言的适应，还涉及文化符号、视觉美学、审美风格的调整，主持人需要具备更高的文化敏感度和审美素养。例如，在不同国家的新闻报道或文化访谈中，观众对于影像风格、语速节奏、身体语言、服饰配色的接受度各不相同，因此，主持人如果能够掌握国际化的视觉美学与艺术表达，将能够在全球传播环境中具备更强大的影响力。①

在这一背景下，审美教育在播音主持课程中的地位愈发重要。

---

① 周宪.何为美育与美育为何 [J].文艺争鸣，2022（03）：90-97.

审美教育不仅是关于艺术欣赏的教学，更是一种跨学科的综合能力，它涵盖了声音美学、视觉叙事、文化表达、心理共鸣等多个层面。例如，在短视频内容创作中，主持人需要掌握视觉构图、色彩心理、光影运用；在新闻播报中，主持人需要运用语音的节奏感、韵律、情绪调动；在跨文化传播中，主持人需要调整语言风格、视觉符号、文化表达方式，以适应不同受众的审美需求。[1] 郝峰[2] 指出，优秀的主持人往往具备深厚的审美修养，能够通过影像、声音、文字、表演等多种方式增强传播内容带给观众的情感共鸣。例如，在短视频平台上，深受观众喜爱的主持人往往具备较强的个性化表达能力和艺术创造力，这使他们传播的内容更具吸引力和品牌辨识度。

张玉能[3] 进一步强调，未来的主持人不仅需要具备精准的语言表达能力，还要在视觉传播、文化适应、科技融合等方面展现更高的审美素养。因此，高校在拓展课程模块时，必须将审美教育作为重要的培养方向，使学生不仅具备跨学科的传播能力，还能利用审美素养增强节目内容的吸引力和市场竞争力。在 AI 和数据驱动的传播环境下，审美能力是主持人不可替代的核心竞争优势，拥有高质量审美修养的主持人，能够在全媒体时代的多平台传播中脱颖而出。

模块化培养体系的建立，不仅可以提升学生的专业技能，也能

① 周畅.互联网时代美育教育面临的机遇与挑战：评《审美教育"以美育德"的机理研究》[J].科技管理研究，2022，42（17）：271.

② 郝峰.教师专业发展中审美教育的逻辑与路径[J].教育理论与实践，2019（12）：58.

③ 张玉能.实践转向与审美教育：创美美育与人的自由全面发展[J].甘肃社会科学，2012（6）：40–44.

拓宽他们的职业发展路径。基础课程模块可以为学生塑造扎实的语言表达与传播学能力基础，使其能够适应不同媒介环境；专业技能模块可以帮助学生掌握主持实践、新闻访谈、短视频制作等核心能力，使其能够应对多种类型的节目主持需求；拓展课程模块则可以使学生具备数据分析、人工智能操作、跨文化传播、审美教育等跨学科能力，增强其在传媒行业中的竞争力。通过这一模块化培养体系，播音与主持艺术专业的学生将能够在多平台、多场景的传播环境中游刃有余，顺应全媒体时代的变革，成为具备创新意识、审美修养和行业适应力的专业人才。

第三节　实践教学体系的升级

一、实践教学模式的改革

在全媒体时代，播音与主持艺术专业的教学模式正在经历深刻的变革。传统的课堂授课模式已无法满足行业对主持人实践能力的高要求，因此，实践教学体系的升级成为教学改革的重要方向。新的实践教学体系不仅要提供多元化的教学环境，还需要增强学生的媒介适应能力，使他们能够在不同类型的媒体平台上熟练操作，具备从内容创作到传播优化的全流程能力。因此，"校媒合作"模式、"沉浸式项目制"教学以及"媒体实验室"建设，构成了当前实践教学改革的核心路径。

（一）"校媒合作"模式：与传媒机构共建实训基地

"校媒合作"模式的建立，是实践教学改革的重要方向之一。传统的实习模式通常是学生在大四阶段进入电视台、电台、新闻机构等单位进行短期实习，但这种模式往往因时间短、任务单一、实践机会有限，导致学生难以获得深入的行业经验。为此，许多高校正在尝试与传媒机构建立长期的实训合作机制，使学生能够在整个学习阶段持续接触真实的媒体工作环境。例如，部分高校已经与中央电视台、地方电视台、新媒体公司、互联网内容创作平台达成合作，共同开发课程内容，为学生提供实训机会，使其能够在真实的新闻制作、节目策划、直播运营等环境中学习。

这种合作模式不仅能让学生提前适应行业环境，还能使教师紧跟行业发展，避免教学内容与行业实际脱节。传媒机构也可以通过这一模式提前选拔优秀人才，实现人才供需的精准对接。例如，某些高校与短视频平台合作，为学生提供新闻短视频创作实训，使其在学习过程中直接参与热点新闻的制作与发布，提高其对短视频新闻的理解和操作能力。这一模式强调理论与实践的结合，使学生不仅能够掌握行业标准和技术规范，同时培养学生自主策划、执行内容生产的能力，使其在毕业后能够迅速适应行业需求。

（二）"沉浸式项目制"教学：引入短视频、直播运营实践

传统的教学模式通常以理论讲授为主，虽然学生能够掌握基本

的主持技巧和新闻传播理论，但在面对新媒体环境时，仍然存在适应困难。"沉浸式项目制"教学模式则通过真实项目驱动学生学习，使他们在实践过程中掌握技能，从而真正实现学以致用。这一模式的核心在于让学生以项目团队的形式完成真实的媒体任务，如策划和执行一档短视频新闻节目、搭建一个直播频道或运营一个自媒体账号。相比传统课堂教学，项目制教学可以让学生在团队协作中获得内容生产、运营管理、数据分析等能力，并在实际操作中找到自己的专业方向。

在短视频内容创作方面，许多高校已经引入短视频策划、制作、传播课程，要求学生围绕特定主题制作系列短视频，如时政新闻解读、文化推广、纪录片短片等。通过这一实践环节，学生不仅能够掌握短视频内容生产流程，还能学习如何结合数据分析优化内容策略，提高内容传播效果。此外，短视频运营课程也需要涵盖热点选题策划、算法推荐机制、社交媒体营销等内容，使学生能够全面理解短视频平台的运营模式，学会利用算法推荐机制增加内容曝光率。

直播运营实践同样是"沉浸式项目制"教学的重要组成部分。传统的播音主持课程主要关注正式新闻播报和访谈节目，但在当前的媒体生态中，直播已经成为重要的传播方式之一，广泛应用于新闻直播、电商直播、教育直播等多个领域。因此，学校可以设立直播实验课程，让学生在真实环境中进行直播演练。例如，在新闻直播课程中，学生可以模拟突发新闻报道，学习如何在无脚本的情况下组织语言、采访嘉宾、与观众互动；在电商直播课程中，学生可以学习如何优化直播间内容，提高观众互动率，增强带货效果。这种基于真实场景的教学模式能够帮助学生在实践中迅速提升自己的临场反应能力、表达技巧和内容运营能力。

（三）"媒体实验室"建设：搭建智能演播环境

随着人工智能、云计算、5G 等技术的快速发展，媒体行业的制作流程已经发生了深刻变化。传统的演播室教学模式已经不能满足当代主持人对智能化制作环境的适应需求，因此，许多高校正在探索建立"媒体实验室"，通过模拟真实的智能演播环境，使学生在学习过程中熟悉行业前沿技术。

"媒体实验室"不仅是一个模拟演播厅，更是一个集成智能剪辑、AI 语音合成、VR/AR 互动、数据可视化等前沿技术的综合训练平台。例如，部分高校已经在实验室中引入 AI 语音生成技术，使学生能够学习如何利用 AI 合成主持内容，了解 AI 在新闻播报、虚拟主播等领域的应用。此外，VR/AR 互动技术的加入，使学生能够在沉浸式环境中进行主持训练。例如，学生可以在虚拟演播室中进行新闻播报，通过手势控制和智能交互完成实时信息呈现，提高主持人在数字化场景下的适应能力。

同时，媒体实验室还可以提供智能剪辑和数据可视化技术支持，使学生能够学习如何利用 AI 进行视频自动剪辑，如何通过数据可视化增强新闻报道的表现力。例如，在数据新闻课程中，学生可以学习如何使用大数据分析软件，将复杂的新闻数据转化为直观的可视化图表，提高新闻内容的传播效果。此外，部分高校已经开始引入"智能导播系统"，使学生能够学习如何在多机位直播中实现智能切换，提高节目制作的技术含量。

媒体实验室的建设不仅能够提升学生的技术素养，还能促进跨学科合作。例如，播音与主持艺术专业的学生可以与计算机科学、数据科学等专业的学生合作，共同开发智能语音产品、虚拟主持人、智能新闻推送系统等创新项目。这种跨学科合作能够极大提升学生的创新能力，使他们具备更强的市场竞争力。

实践教学体系的升级是播音与主持艺术专业改革的关键方向。通过"校媒合作"模式，学校能够与行业保持紧密联系，使学生在学习过程中获得真实的行业经验，提高实践能力；通过"沉浸式项目制"教学，学生能够在真实的短视频、直播环境中进行操作训练，提高内容创作和运营能力；而"媒体实验室"的建设，则为学生提供了一个智能化的训练环境，使其能够掌握最前沿的媒介技术，为未来的职业发展奠定坚实基础。

随着新媒体生态的不断演进，主持人不再只是单纯的信息传递者，而是内容生产者、品牌运营者、社交媒体影响者。因此，实践教学的升级不仅是技术层面的革新，更是思维方式、职业能力培养模式的全面变革。只有通过多维度的实践训练，才能培养出真正符合全媒体时代需求的高素质主持人才。

二、产学研结合促进实践能力提升

在全媒体环境下，播音与主持艺术教育需要从传统的课堂授课模式转向更紧密结合行业实际需求的产学研模式。这不仅意味着高校需要与媒体机构、科技公司、新媒体平台等合作，还要求学生在学习过程中真正参与行业实践，从而提高自身的竞争力。随着数字化传播方式的多样化，主持人不仅需要掌握传统的播音技巧，还要熟悉数据驱动的传播策略、用户交互模式及内容运营体系。因此，产学研结合的培养模式成为培养高水平主持人才的重要路径。

（一）融合行业需求的定制化教学项目

传统的教学模式往往是学校单方面设计课程内容，未能充分考虑行业的实际需求，这使学生在进入职场时面临较大的适应难题。为了弥补这一不足，高校需要与行业企业紧密合作，围绕市场需求进行课程设计，使教学内容更加符合媒体行业的实际运作模式。例如，一些高校已与主流媒体、新媒体公司、电商直播平台、短视频制作机构等合作，共同开发"定制化教学项目"，将行业实际需求融入课程体系。这不仅让学生在学习过程中接触到最前沿的行业信息，也使他们能够提前积累实践经验，提高职场适应能力。

在这种模式下，企业不再只是学生的实习单位，而是深度参与到课程设计、案例分析、技能培训等环节。例如，在短视频新闻课程中，学校可以邀请新媒体编辑、短视频运营专家进行授课，并要求学生基于真实的新闻热点进行内容策划、视频制作与传播推广。此外，在电商直播、文化类访谈节目等领域，企业可以提供真实的商业项目作为实践案例，让学生直接参与产品推广、直播脚本策划、现场互动引导等实际工作。通过这种方式，学生不仅能够获得真实的行业经验，还能提前与潜在雇主建立联系，提高就业竞争力。

（二）学生自主内容创作与实战训练

在新媒体时代，主持人的角色已经从单纯的节目播报者转变为内容创作者和品牌运营者。因此，培养学生的自主创作能力，让他们具备从选题策划、内容生产到推广传播的全流程操作能力，成为教学改革的重要方向。相比传统的教学任务，学生自主内容创作能够帮助他们更好地理解行业运作模式，同时锻炼其创新能力和市场敏锐度。

在高校中，可以设立内容创作实验室，为学生提供短视频制作、网络直播、Vlog 拍摄等实践机会。例如，新闻传播学院的学生可以定期策划和制作新闻短视频，并将作品投放至短视频平台，结合用户数据反馈优化内容策略；文化类主持方向的学生可以围绕非遗文化、戏剧艺术、音乐鉴赏等主题制作专题节目，并通过社交媒体进行传播，提高文化节目的影响力。此外，一些高校已建立学生媒体中心，让学生团队运营真实的新媒体账号，通过持续更新内容，积累粉丝，来探索不同传播策略的有效性。这种沉浸式的内容创作训练，使学生于在校期间就能积累丰富的实战经验，从而在毕业后迅速适应行业需求。

除了个人创作能力，团队协作能力也是主持人职业发展的重要技能之一。因此，在实践教学中，高校可以通过"模拟项目制"教学模式，让学生组成小组，分别负责选题策划、脚本撰写、演播录制、后期剪辑、运营推广等环节，模拟真实的内容生产流程。例如，针对科技类节目，团队中的主持人需要与编导、摄像、剪辑等人员密切配合，共同完成一档兼具专业性和可视化表达的科技类新闻节目。这种以团队合作为核心的训练，不仅提升了学生的综合能力，也让他们在实践中理解了团队协作的重要性。

（三）数据化评估与个性化指导

在传统的主持人教学体系中，学生的学习成效往往依赖教师的主观评估，缺乏科学、系统的评价体系，这导致学生难以精准识别自身的优劣势。而在数字化时代，基于大数据分析的评估体系能够为主持人培训提供更加精准的反馈，帮助学生实现个性化成长。

数据化评估体系可以通过语音识别、情感分析、用户反馈等技术手段，对学生的主持表现进行量化分析。例如，在语言表达训练中，语音分析系统可以评估学生的语速、语调、停顿、重音等要素，帮助其优化表达方式；在直播互动课程中，大数据分析可以追踪观众的弹幕、点赞、评论等行为，分析主持人的互动效果，从而帮助其调整表达策略。此外，智能推荐系统还可以基于学生的学习数据，为其提供定制化的学习资源，比如为表达能力较弱的学生推荐即兴口语训练课程，为新闻播报能力偏弱的学生推荐新闻采访技巧训练。

除了数据化评估，个性化指导也是促进主持人职业成长的重要手段。传统的教学模式往往采用"一刀切"的培训方式，而在实践教学改革中，高校可以为学生提供更加个性化的学习路径。例如，在课程学习过程中，教师可以结合学生的兴趣方向，为其量身定制发展计划，如新闻播报方向的学生可以重点学习新闻采编、深度访谈技巧，而短视频主持方向的学生则可以深入研究内容运营、视频剪辑等技能。此外，学校还可以建立"导师制"或"企业导师计划"，邀请行业资深主持人、资深内容创作者作为导师，对学生进行一对一的职业指导，帮助他们在职业发展中少走弯路。

通过数据化评估与个性化指导的结合，学生不仅能够清晰地了解自己的发展方向，还能不断优化自身技能，提高自身的市场竞争力。这种基于数据分析的培养模式，能够更精准地对接行业需求，使学生的学习成果更具针对性和实效性。

产学研结合模式的实践教学改革，使播音与主持艺术专业的学生能够更紧密地对接行业需求，提高自身的实践能力。通过"定制化教学项目"，高校能够与行业深度融合，使学生在学习过程中获得真实的行业经验；通过"自主内容创作与实战训练"，学生能够提升内容创作能力，掌握新媒体时代的传播规律；而"数据化评估与个性化指导"体系的引入，则能够帮助学生更加精准地优化自身技能，提高自身的竞争力。在未来，随着技术的发展和行业的不断变革，实践教学体系也需要持续升级，以培养更加符合市场需求的高素质全媒体主持人才。

第四节　终身学习与职业发展

在传媒行业不断演进的背景下，主持人的职业发展不再局限于传统媒体，而是呈现出更加多元的路径。新媒体的兴起、行业融合的深化、科技创新的推动，使主持人需要具备终身学习的意识，不断提升自身的专业能力、审美素养和创新能力，以适应不断变化的行业需求。审美教育的融入不仅影响主持人在传播内容上的表现力，还直接塑造了他们的个人品牌、观众吸引力以及行业适应能力。[①] 无论是传统媒体的主持人、新媒体的内容创作者，还是跨界进入商务、电竞、文化等领域的主持人，职业发展的关键都在于如何在行业变化中保持竞争力，实现持续成长。

一、审美教育对职业发展的关键作用

主持人作为传播内容的核心角色，在职业发展过程中，不仅需要掌握扎实的语言表达能力和节目掌控能力，还需要深入理解行业趋势，把握市场需求，探索更加多元的职业可能性。从传统的广播电视主持，到如今活跃于短视频、直播、社交媒体、跨行业合作等领域的主持人，职业发展路径已从单一化向复合化、多元化演进。与此同时，审美教育对主持人的发展起到了关键作用，它不仅提升了主持人的语言美感、视觉表现力和文化适应能力，还塑造了他们在不同媒体环境中的独特风格，使其能够在多样化的传播场景中具备更强的竞争力。

---

① LU A.Construction and Reflection on College Students' Aesthetic Education based on Cultural Confidence [J]. Transactions on Social Science,Education and Humanities Research，2024，7：388-394.

（一）AI时代主持人的核心竞争力：审美

在人工智能技术迅猛发展的今天，AI主持人已具备高度精准的语言合成、信息整合与自动化播报能力，在新闻播报、商业解说等领域迅速渗透。然而，尽管AI主持人可以高效地执行标准化任务，甚至通过深度学习模仿人的语音风格和表达方式，但其缺乏对审美的真实理解，无法创造具有独特艺术价值和情感共鸣的内容。在这种背景下，审美能力不仅成为人类主持人区别于AI主持人的核心竞争力，更决定了其创造力的高度和内容质量。

AI的优势在于海量数据处理、语音合成和自动化交互，但它仍然局限于基于既有素材进行优化组合，而不是发自内心地进行艺术创造。AI无法真正理解美学概念、文化背景、视觉风格、情感共鸣，它的表达方式是计算的结果，而不是基于真实的情感体验。例如，在综艺节目、访谈节目或文化类节目的主持过程中，优秀的主持人不仅要准确传递信息，还要能够通过语音节奏、肢体语言、表情管理、情绪调动、场景设计等多种艺术手段，营造更具感染力的表达，而这些正是AI难以复制的。[①]

审美能力决定了创造力的质量，体现在视觉表达、语言美学、节奏控制、品牌塑造、跨文化传播等多个维度。在新媒体环境下，观众的注意力越来越依赖视觉冲击力和情感共鸣，单纯的信息传递已无法满足用户的审美需求。如果主持人不能在内容呈现中运用影

---

① TAO Y.Integrating Aesthetic Education in Quality Education: A Bibliometric Analysis of Sustainable Development Perspectives [J]. Sustainability，2024，16（855）.

像构图、色彩搭配、灯光布置、镜头运用、服饰搭配等视觉美学技巧，那么其传播效果和品牌影响力将大打折扣。例如，在短视频或直播环境下，一位拥有出色审美素养的主持人，能够通过巧妙的背景设计、光影调整、服装风格、语音节奏，在短时间内抓住观众的注意力，提升观众的观看体验。而 AI 合成的主持人尽管可以调整语速、优化语调，但它无法基于美学思维创造真正打动人心的视觉叙事。

在语言美学层面，优秀的主持人能够运用语音的节奏感、韵律、音色变化、情感表达，让语言更富有感染力，而 AI 的语音合成虽然可以模仿人类的声音，但其语调的抑扬顿挫、情感色彩、呼吸节奏仍显得生硬和缺乏自然性。[1] 例如，在脱口秀节目中，主持人需要通过停顿、重音、幽默表达来增强语言的感染力，这种即兴创作和语音美学的结合，是 AI 难以复制的。同样，在文化类访谈、纪录片解说等领域，主持人的语言风格与文化素养息息相关，如果缺乏美学修养，就难以赋予语言更多层次感和情感深度。[2]

AI 主持人的局限性还体现在品牌塑造和个性化表达方面。AI 可以生成标准化的内容，但无法建立具有独特辨识度的个人 IP。一个优秀的主持人不仅能在语言表达上具备个人特色，还能在视觉风格、内容调性、品牌塑造上形成独特的审美体系，使得观众能够一眼辨认。例如，一位财经类主播如果能够将极简风格的背景设计、高级感的

---

① 周宪. 何为美育与美育为何 [J]. 文艺争鸣，2022（03）：90–97.

② 周畅. 互联网时代美育教育面临的机遇与挑战：评《审美教育"以美育德"的机理研究》[J]. 科技管理研究，2022，42（17）：271.

色彩搭配、沉稳而富有节奏感的语音美学结合在一起，就能有效提升自身的专业感和可信度，而这些微妙的审美元素，恰恰是 AI 无法自主创造的。①

此外，跨文化传播能力是 AI 难以企及的另一关键因素。在国际传播领域，主持人需要根据不同文化背景调整表达方式，使其符合不同地区观众的审美习惯。例如，在欧美市场，视觉风格更倾向于简约、高对比度、现代感；而在亚洲市场，柔和、温暖的色调和细腻的情感表达则更受欢迎。②在国际新闻报道、跨文化访谈、外语节目主持等场景下，主持人不仅要具备语言能力，还需要有对不同文化体系的美学理解，以调整自身的传播策略，使内容更具全球化吸引力，而 AI 难以在这种跨文化传播过程中做出精准调整。③

综上所述，AI 的逻辑推理和数据处理能力，可以优化信息传递的效率，但无法创造真正具有艺术价值和人文关怀的内容。未来的主持人如果想要在智能化时代超越 AI，必须通过审美教育提升自身的创造力、艺术感知力、文化表达力，使自己成为不仅能够传递信息，更能够塑造美、创造美、传播美的专业人士。审美能力不仅决定了创造力的质量，更决定了主持人在 AI 时代的生存空间。拥有深厚美学素养的主持人，才能在传媒行业的变革中保持不可替代的优势，

---

① 郝峰.教师专业发展中审美教育的逻辑与路径 [J].教育理论与实践，2019（12）：58.

② 龙静云，崔晋文.审美教育的实质及其对大学生的教育价值 [J].学校党建与思想教育，2019（12）：15.

③ 张玉能.实践转向与审美教育：创美美育与人的自由全面发展 [J].甘肃社会科学，2012（6）：40-44.

成为真正能够影响时代的内容创造者。

（二）"审美"助力主持人跨界发展

随着传媒行业与其他领域的融合发展，越来越多的主持人开始探索跨界发展的可能性。例如，财经类主持人进入投资领域，文化类主持人从事艺术策展，科技类主持人参与科技公司的市场推广等。跨界发展不仅拓宽了主持人的职业路径，也帮助他们在不同领域积累资源，提高个人品牌的附加值。然而，在跨界过程中，仅凭专业技能和行业知识并不足以使主持人脱颖而出，审美能力成为决定主持人跨界成功的关键要素。无论在财经、文化、科技还是教育领域，主持人都需要具备深厚的美学素养，以提升品牌形象、增强观众吸引力，并赋予内容更高的艺术价值和情感共鸣。

1.财经与商业跨界：视觉形象与品牌塑造的美学影响

财经类主持人逐渐向投资咨询、市场分析等领域发展，他们依托自身的专业背景，成立个人咨询机构、投资公司，或加入知名金融机构，提供经济分析、商业策划等服务。例如，部分财经类主持人会定期举办线上财经讲座，分享投资策略和市场分析，吸引商业客户或投资机构合作。然而，在财经传播中，视觉形象、语言风格、演讲节奏等美学因素直接影响观众的信任感和信息接受度。[①]

财经类主持人的视觉形象往往需要传递专业、稳重、权威的气质，因此，他们的着装搭配、背景设计、色彩运用等必须经过精心设计。

---

① TAO Y.Integrating Aesthetic Education in Quality Education: A Bibliometric Analysis of Sustainable Development Perspectives [J]. Sustainability，2024，16（855）.

例如，深色西装搭配明亮光源可以增强视觉上的权威性，而轻快的语音节奏搭配富有层次感的表达方式则能提升观众的听觉舒适度和理解力。审美能力不仅影响财经类主持人的个人品牌塑造，还决定了其内容呈现的高级感。例如，国际顶尖财经节目《彭博商业周刊》的主持人，不仅在语言逻辑上严谨清晰，同时在视觉风格上也具备极高的审美水平，使观众在观看节目时能够直观感受到金融领域的专业氛围。

2. 文化与教育跨界：艺术素养与审美感知的加持

文化类节目主持人具有较强的知识储备和语言表达能力，他们在传统文化、艺术教育等领域的影响力日益增强。例如，一些知名文化类节目主持人，会受邀成为博物馆、艺术展览的特邀讲解人，甚至创办文化艺术培训机构，开设语言表达、戏剧表演等课程，推动文化传播。在这些跨界过程中，审美能力成为文化类节目主持人影响力的重要基础，尤其是在文学、戏剧、艺术鉴赏等方面的修养，决定了其内容的深度与表达的魅力。

文化类节目主持人在艺术展览、非遗推广、纪录片解说等场景中的表现，不仅依赖语言的准确性，还需要在视觉呈现、声音韵律、文化叙事等方面融入审美思维。例如，在历史纪录片的配音或主持中，主持人需要掌握画面色彩的情感传递、音乐的氛围营造、语言节奏的起伏变化，以增强观众的沉浸感和代入感。周宪[①]指出，优秀的文化类节目主持人往往具备音乐、文学、戏剧等多领域的美学积累，

① 周宪. 何为美育与美育为何 [J]. 文艺争鸣，2022（03）：90-97.

使其内容表达更具艺术感染力和文化厚度。

3.科技与传媒跨界：科技传播中的美学表达

科技解说主持人也逐渐向产品推广、科技品牌代言等方向发展。例如，一些专注于科技领域的主持人，通过参加科技发布会、评测智能产品等方式，提高自己的行业影响力，并获得企业的商业合作。此外，部分主持人通过个人品牌，吸引科技公司、硬件厂商的赞助，拓展职业发展的可能性。然而，在科技传播中，审美能力的作用被越来越多地关注，特别是在科技产品评测、数字影像传播、品牌推广等方面，美学素养的高低直接影响传播效果。①

科技解说主持人的美学能力主要体现在信息可视化设计、科技影像美学、用户体验优化等方面。例如，苹果公司在每次产品发布会上，都高度重视视觉设计和美学表达，科技解说主持人如果能够准确把握科技品牌的设计语言，并将其融入内容表达，将大大提升传播的质感和品牌认同感。此外，在数字影像传播中，主持人需要具备影像剪辑、色彩搭配、动态设计等审美能力，以确保科技内容的表达既专业又具有观赏性。例如，顶级科技媒体 The Verge 的科技类视频，其主持人不仅语言表达精准，同时在影像叙事、色彩构图、信息呈现上也极具美学特色，这使他们的科技评测更具吸引力和影响力。②

① 周畅.互联网时代美育教育面临的机遇与挑战：评《审美教育"以美育德"的机理研究》[J].科技管理研究，2022，42（17）：271.

② 郝峰.教师专业发展中审美教育的逻辑与路径[J].教育理论与实践，2019（12）：58.

4. 审美能力决定主持人跨界发展的高度

无论是财经、文化、科技还是教育领域，审美能力都是主持人在跨界发展过程中不可或缺的核心竞争力。随着行业融合加深，主持人的职业发展不再局限于单一的媒体平台，而是向多领域、多模式、多平台的跨界生态拓展。在这个过程中，单纯的信息传递能力已无法满足观众需求，而审美能力将成为决定主持人跨界成功的关键因素。①

美学思维赋能跨界传播，财经主持人的品牌形象塑造、文化主持人的艺术表达、科技主持人的影像设计，都需要以美学思维作为支撑，使内容更具感染力和传播力。视觉美学增强品牌辨识度，无论是财经类IP、文化类品牌还是科技类内容，视觉风格的稳定性、画面构图的合理性、色彩搭配的协调性，都是建立长期观众认同感的关键。语言美学强化内容影响力，主持人通过音色、节奏、韵律、叙事节奏等要素提升表达魅力，使节目内容更具吸引力，从而增强在自己不同领域中的传播力和市场竞争力。跨文化审美能力提升国际化传播适应力，面对全球市场，主持人需要具备不同文化背景下的美学理解，以调整内容风格，使其符合不同地区观众的审美需求。②

---

① 龙静云，崔晋文.审美教育的实质及其对大学生的教育价值 [J].学校党建与思想教育，2019（12）：15.

② 张玉能.实践转向与审美教育：创美美育与人的自由全面发展 [J].甘肃社会科学，2012（6）：40–44.

因此，主持人的跨界发展不仅要求其具备足够的行业知识和市场洞察力，更要求其具有深厚的美学修养，以提升个人品牌价值和内容竞争力。未来，审美能力将成为主持人在全媒体时代实现多元化职业发展的决定性因素。

（三）传统媒体主持人的职业晋升与转型

传统媒体主持人的职业发展路径相对清晰，通常经历从地方台到国家级媒体的晋升过程，或从小型节目的主持逐步进入大型新闻、综艺、专题类节目，最终成为核心主持人。然而，随着传媒行业的变革，传统媒体主持人的职业发展面临新的挑战，需要在坚守专业素养的同时，积极寻求转型。在这一过程中，审美素养成为主持人适应行业变革的重要能力之一，不仅影响其个人品牌的塑造，还直接决定了他们在新媒体环境中的传播效果。[①]

在电视和广播行业，主持人的晋升通常经历多个阶段，包括早期的基层岗位，如记者、编导、助理主持，随后进入正式主持岗位，主持小型节目或地方新闻，逐步积累经验和影响力。随着专业能力的提升，主持人有机会进入省级卫视或国家级电视台，主持更具权威性和影响力的节目，如《新闻联播》《焦点访谈》《今日说法》等。此外，一些主持人会向文化访谈、国际新闻、纪录片解说等领域发展，以拓宽自己的职业领域，提高个人品牌价值。

① TAO Y.Integrating Aesthetic Education in Quality Education: A Bibliometric Analysis of Sustainable Development Perspectives [J]. Sustainability，2024，16（855）.

　　然而，传统媒体受众的流失、新媒体的崛起，使传统媒体主持人需要主动适应行业变革。除了技术与平台的变化，主持人的审美能力也成为影响其职业发展的关键因素。在新媒体环境下，观众对于视觉审美、音韵美感、内容表达风格的要求更高，传统类节目主持人如果能够提升自身的审美素养，在镜头表现力、服装造型、声音韵律等方面进行调整，将能在短视频、直播等新媒介中更具吸引力。例如，一些资深主持人选择进军新媒体领域，如开设个人视频栏目、制作播客节目、加入网络直播平台，通过个性化的内容、精致的视觉表达、优质的语言艺术吸引新的受众群体。

　　此外，一些电视新闻主持人开始结合影像美学与新闻传播，转型成为短视频新闻评论员，通过更具视觉冲击力的画面、更富有韵律的声音表达，以轻松、直白的方式解读时政热点，提高用户的接受度。这表明，审美教育不仅影响主持人的个人风格，也直接决定了他们在新媒体环境下的市场认可度。

　　部分主持人选择转型幕后，成为节目制作人、策划人，甚至创立自己的传媒公司，以更广泛的方式参与传媒行业的发展。在这一过程中，视觉审美、艺术素养、跨文化传播能力成为主持人突破职业瓶颈的重要因素。周宪[①]指出，具有高审美素养的主持人往往能够在节目策划、内容设计、品牌运营等多个领域展现更强的创新能力，他们不仅能够打造高质量的节目内容，还能够通过音视频艺术表达、

---

① 周宪.何为美育与美育为何 [J].文艺争鸣，2022（03）：90–97.

文化叙事、视觉风格塑造等手段，为节目注入更强的艺术感染力。

张玉能[①]进一步强调，未来的主持人不仅需要具备精准的语言表达能力，还要在视觉传播、文化适应、科技融合等方面展现更高的审美素养。例如，在 AI 合成语音和虚拟主播逐渐进入市场的背景下，真人主持人如果能够通过审美教育强化自身的声音魅力、影像表现力和文化深度，就能够形成与 AI 技术的差异化竞争，保持自身的市场价值。[②]

在传媒行业的快速变革中，主持人的职业发展路径正变得越来越多元化，从传统电视台到短视频平台，从新闻主持到文化传播，从单一主持技能到复合型创作能力，行业对主持人的要求已经不再局限于语言表达，而是向美学修养、内容创新、跨文化传播、数字技术适应等方面扩展。审美教育的融入不仅提升了主持人在节目内容上的艺术表现力，还直接影响了他们的个人品牌塑造、观众吸引力以及职业竞争力。[③]

从传统媒体主持人的职业晋升，到新媒体领域的个性化品牌打造，审美能力已经成为主持人保持竞争力的核心要素之一。未来的主持人如果能够在终身学习的过程中不断提升声音美学素养、视觉审美素养、文化艺术素养，将能够在传媒行业的多元发展路径中保

① 张玉能. 实践转向与审美教育：创美美育与人的自由全面发展 [J]. 甘肃社会科学，2012（6）：40–44.

② 周畅. 互联网时代美育教育面临的机遇与挑战：评《审美教育"以美育德"的机理研究》[J]. 科技管理研究，2022，42（17）：271.

③ 郝峰. 教师专业发展中审美教育的逻辑与路径 [J]. 教育理论与实践，2019（12）：58.

持独特优势，使其职业生涯更加丰富且具有持续的市场价值。^①因此，在主持人的职业发展中，终身学习不仅意味着技术的更新和表达能力的提升，更意味着审美能力的不断塑造和拓展，从而在全媒体时代的竞争环境中脱颖而出。

（四）新媒体主持人的职业发展模式

随着短视频、直播、社交媒体的崛起，新媒体主持人逐渐成为传媒行业的重要角色。他们不再依赖传统电视台，而是通过个人品牌建设、内容创新、视觉表达和用户互动，在短视频、直播、社交媒体等平台上直接面对观众，实现个人影响力的增长。在这一过程中，审美素养成为新媒体主持人打造差异化竞争力、提升用户体验、增强品牌吸引力的关键因素。新媒体主持人的职业发展模式通常包括以下几种，每种模式的成功都离不开声音美学、视觉美感、内容创意和文化艺术修养的深度融合。

1.自媒体内容创作模式：审美素养增强内容吸引力

许多新媒体主持人通过社交平台，如抖音、B站、小红书等，建立个人账号，持续输出高质量内容，积累粉丝，进而通过广告合作、品牌代言、付费课程等方式实现盈利。在这一模式下，审美素养不仅影响其传播内容的呈现质量，也直接决定了观众的黏性和观看体

---

① 龙静云，崔晋文.审美教育的实质及其对大学生的教育价值[J].学校党建与思想教育，2019（12）：15.

验。① 例如，一些财经类节目主持人通过短视频解读经济热点，利用优雅的语言表达、精准的语音节奏、符合财经审美的视觉风格吸引对金融知识感兴趣的用户，从而获得广告合作或开设付费咨询业务。如果主持人在短视频创作中缺乏视觉美感、色彩搭配、镜头运用、语言美学等审美元素的加持，其传播内容即使信息量丰富，可能也难以吸引受众。

在短视频内容创作中，画面构图、色彩搭配、镜头运动等视觉美学细节，能够决定观众对内容的第一印象。例如，一位科技领域的新媒体主持人如果能够结合极简主义风格的视频排版，搭配富有科技感的冷色调灯光设计，并通过清晰而富有节奏感的声音表达科技理念，那么其视频的传播力和品牌影响力会显著增强。优秀的内容创作者往往具备较强的审美直觉，他们不仅关注内容的核心信息，还通过艺术化的表达手段提升传播效果。

2. 直播带货与商业合作模式：审美教育提升品牌价值

直播电商的兴起，使主持人在商业领域的发展前景更加广阔。一些主持人利用语言表达能力、市场分析能力和视觉呈现能力，成功转型为直播带货主持，依托个人品牌吸引消费者，提高商品的销售转化率。然而，真正能够在直播行业长久发展的主持人，往往具备极高的审美素养，他们不仅注重语言风格的吸引力，也在镜头前

---

① TAO Y.Integrating Aesthetic Education in Quality Education: A Bibliometric Analysis of Sustainable Development Perspectives [J]. Sustainability，2024，16（855）.

塑造高度视觉化的品牌形象。[①]

品牌方更倾向于与具有较高公信力、视觉表现力和情感共鸣力的主持人合作，以增强品牌影响力。例如，某些曾在电视台主持财经类节目的专业主持人，成功转型为金融知识直播博主，他们不仅在表达方式上注重语音节奏、音色变化、语调抑扬顿挫，还会在直播场景中营造具有视觉吸引力的环境，如整洁的书房、现代感的灯光、专业的服饰搭配，从而塑造可信赖的形象。[②]

此外，在直播带货领域，产品展示的方式、背景视觉的构建、色彩搭配的和谐度、主播形象的美感，都直接影响用户的购买决策。郝峰[③]指出，审美教育能够帮助主持人理解观众的视觉心理需求，优化直播画面的构图，使内容更具吸引力。例如，在服饰类直播中，主播的穿搭、背景设计、灯光色彩都影响观众对产品的认同度；在食品类直播中，温暖的色调、适宜的景深和光影变化能够提升食物的视觉美感，从而刺激用户的购买欲望。

3. 跨平台内容运营模式：审美素养增强传播深度

新媒体主持人通常不会局限于单一平台，而是通过多平台联动，实现内容的最大化传播。一些知识类主播会将自己的长视频内容发布到 B 站上，将短视频精华版上传至抖音，直播内容则在微博、微

---

① 周宪. 何为美育与美育为何 [J]. 文艺争鸣，2022（03）：90-97.

② 周畅. 互联网时代美育教育面临的机遇与挑战：评《审美教育"以美育德"的机理研究》[J]. 科技管理研究，2022，42（17）：271.

③ 郝峰. 教师专业发展中审美教育的逻辑与路径 [J]. 教育理论与实践，2019（12）：58.

信等平台进行二次传播。在这一模式下，审美素养的高低直接影响主持人的品牌一致性、内容风格的稳定性，以及用户体验的连贯性。[①]例如，一位跨平台运营的科技解说主播，在 B 站制作深入分析的视频时，需要采用较为冷静的语调、深色调的背景，而在抖音发布精华版短视频时，则可能需要更具动感的节奏、更强烈的视觉对比度来吸引注意力。而这些视觉、听觉、情感节奏的掌控能力，都依赖于良好的审美教育。

2020 年，自媒体营销开始进入"高频"时代，品牌传播逐步高频化，通过标准化的内容高频触达占领用户心智。与此同时，自媒体营销出现了社会热点短暂且高频化、自媒体极速更新换代、用户嗨点高频升级的现象。如表 3 所示，其中，用户嗨点高频升级意味着无新意和不具审美享受的创作内容已经越来越无法满足用户的嗨点。因此依靠审美素养增强内容新颖度和传播深度已经迫在眉睫。

表 3　自媒体高频化现象分析表格

社会热点短暂且高频化	一个热点	用户关注度从 7 天缩减到 7 小时
自媒体极速更新换代	一天不更新	就疯狂掉粉
用户嗨点高频升级	审美创意	却无法让用户兴奋愉悦

注：数据来源于微播易

4. IP 化发展模式：审美素养决定长期影响力

一些新媒体主持人通过长期的内容积累和品牌建设，形成个人 IP。例如，某些科技类主播，逐步从单一的视频解读转向出版书籍、

---

① 龙静云，崔晋文．审美教育的实质及其对大学生的教育价值 [J]．学校党建与思想教育，2019（12）：15.

线下演讲、课程培训等，拓展个人品牌价值。IP 化的发展模式，使新媒体主持人能够突破单一的职业限制，向更广泛的领域拓展，而在这一过程中，审美素养决定了其品牌的影响力。

拥有高审美素养的主持人，往往能够通过内容的精致化、风格的一致性、视觉符号的塑造，使个人 IP 更具辨识度和吸引力。例如，一位财经主播如果在视频中始终保持稳重的表达、冷静的语调、简约但富有质感的视觉风格，那么他的个人品牌将更具权威性；一位生活博主如果能够持续构建温暖、柔和、自然的视觉风格，那么他的粉丝群体将更容易与其建立情感连接。这种 IP 的塑造，不仅是内容的积累，更是审美认知的体现。

二、终身学习体系的构建

在传媒行业的快速变革中，主持人的专业技能、知识体系和市场适应能力都需要不断更新，终身学习体系的建立已成为主持人职业发展不可或缺的一环。从传统媒体到新媒体，从线性传播到互动传播，从单一语言表达到跨学科能力的培养，主持行业对人才的要求正变得更加复合化和多元化。构建终身学习体系，不仅能帮助主持人适应行业的变化，还能提高他们的竞争力，延长其职业生命周期。高校、行业机构、在线教育平台，以及个人职业规划的结合，共同构成了完整的终身学习生态，使主持人能够持续进步，确保自身在传媒行业中的可持续发展。

（一）高校与行业机构合作提供进修课程

传统的高等教育体系虽然为主持人提供了扎实的基础，但难以让其跟上传媒行业的快速变化，因此，主持人的学习不应止步于大学阶段，而需要通过进修课程、行业培训、专项研修等方式持续提升专业能力。近年来，高校与行业机构的合作日益紧密，越来越多的传媒院校开始与主流媒体、新媒体公司、电商直播平台等合作，共同开设针对职业主持人的进修课程。这些课程不仅涵盖主持技巧的深度训练，还涉及短视频运营、跨平台内容创作、数据分析、品牌营销等前沿领域，以帮助主持人适应全媒体环境的变化。

例如，中国传媒大学与央视合作开设的高级主持人培训班，旨在培养具备国际传播能力、新闻深度解析能力的高端新闻主持人才。类似的合作在各类传媒机构中已成为趋势，一些地方电视台与高校联合开办短期培训项目，涵盖新闻解读、财经主持、文旅直播等专项课程。此外，电商平台如淘宝直播、抖音电商也与传媒院校合作，推出了直播电商主持人的专业课程，帮助传统主持人适应数字经济背景下的市场需求。

这种模式的优势在于，高校能够提供系统化的理论指导，而行业机构则可以基于实际运营经验，帮助学员掌握最新的行业趋势和技能应用。此外，政府支持下的职业培训计划，也为主持人的终身学习提供了重要的资源。例如，广电总局每年都会组织全国范围内的主持人培训，内容涵盖传媒法律法规、新媒体运营、短视频传播、数据化新闻解读等，确保主持人始终站在行业发展的前沿。

（二）在线教育与 MOOC 赋能主持人持续成长

随着互联网技术的发展，在线教育已成为主持人终身学习的重要方式。MOOC（大规模在线开放课程）平台为主持人提供了灵活的学习路径，使他们能够根据自身需求进行个性化学习。国内外已有多所知名大学在 MOOC 平台上开设传媒、语言表达、数据分析等相关课程，供主持人学习。

例如，Coursera、Udemy 等国际在线教育平台上，哈佛大学、斯坦福大学等高校推出了关于传媒理论、新闻传播、数据可视化和美学理论等课程，使主持人能够随时随地获取前沿知识。国内的中国大学 MOOC、学堂在线等平台也开设了大量的传媒课程，包括播音主持技巧、即兴表达、跨文化传播等，使主持人可以结合自身职业发展需求进行灵活选择。此外，一些传媒公司和自媒体机构也在短视频平台上推出主持人培训课程，如 B 站、抖音上的知识博主提供的"即兴表达技巧""演讲逻辑训练"和"美的哲学"等内容，已经成为年青一代主持人获取专业知识和技能的重要渠道。[1]

MOOC 的优势在于低成本、高灵活性，主持人可以根据自己的职业发展需求自由选择课程，避免了传统线下培训受地域和时间限制的弊端。与此同时，AI 技术的发展使个性化学习成为可能，主持人可以通过数据分析，精准定位自己的短板，系统性地进行提升。[2]

① 赵彬，郑宇 . 教育强国背景下本科及以上职业教育发展逻辑、困境和路径 [J]. 教育经济与管理，2024（5）：89–96.

② 王成，叶伟 . 高等职业教育高质量发展指数的指标体系构建：基于 70 份政策文本的 NVivo 质性分析 [J]. 教育政策研究，2023（11）：50–61.

例如，一些在线课程会根据用户的学习习惯和成绩推荐个性化学习路径，使用户能够更加高效地掌握新知识。

（三）个人品牌与职业规划的长期建设

终身学习体系不仅依赖外部资源，还需要主持人自身具备明确的职业规划意识，并结合个人品牌建设，实现职业发展的可持续性。在当今传媒行业的激烈竞争中，个人品牌不仅关乎专业技能的积累，更依赖主持人的审美素养与美学表达能力。一个成功的主持人，除了精准的信息传递能力，还需要通过视觉形象、语言风格、内容调性、跨文化表达等美学要素打造独特的个人IP，以在多平台传播环境中脱颖而出。

在个人品牌建设方面，主持人需要注重内容输出，借助社交媒体、短视频、直播等平台进行个人IP打造。例如，传统电视主持人可以通过短视频平台分享幕后花絮、行业观察等内容，增加与观众的互动，扩大个人影响力。然而，在海量的信息流中，仅凭内容本身已难以吸引受众，主持人的视觉风格、影像美学、叙事节奏等审美因素，决定了品牌的辨识度和用户黏性。一位拥有卓越审美素养的主持人，能够精准掌握色彩搭配、构图布局、服饰风格等传播要素，使个人形象更加专业、独特，并与内容调性高度匹配，从而形成长期的观众认同感。

此外，一些主持人通过播客、知识付费课程等方式，将自己的经验和专业知识转化为商业价值，实现多元化变现。[①]在这些平台上，声音节奏、情感表达、语音美学等因素，决定了听众的沉浸感和品牌认同度。优秀的主持人不仅需要具备语言逻辑思维，还需要掌握声音美学，以通过韵律、语气、停顿等手段，增强语音信息的感染力，使内容传播更具高级感和艺术价值。[②]

在职业规划方面，主持人需要设定清晰的发展目标，并根据行业趋势调整自身的学习重点。例如，传统新闻主持人可以向数据新闻方向发展，掌握数据可视化和深度新闻分析技能，以适应未来新闻行业的变化。然而，在数据新闻的传播过程中，视觉化表达和图像美学的结合，将直接影响受众的接受度。例如，一名新闻主持人如果能在数据新闻报道中结合精美的图像排版、简洁的色彩编码和富有层次感的视觉动效，将能极大提升信息传播的效率和吸引力。

对于综艺主持人而言，跨界传播策略的学习不仅涉及节目内容的创新，也包括表演风格、舞台美学、视觉语言的运用。不同类型的综艺节目对主持人的审美要求各不相同，例如，音乐类综艺需要主持人具备对音乐节奏和舞台调度的美学认知，而文化类综艺则要求主持人在语言表达中融入文艺气息，以塑造更具深度的文化传播氛围。而在直播电商领域，主持人不仅需要强化品牌合作和商业策划能力，同时还需在直播场景设计、产品视觉展示、灯光运用等方

① 王文艳.论人工智能时代职业主持人的传播优势 [J]. 传媒前沿，2020（6）：71-74.

② TAO Y.Integrating Aesthetic Education in Quality Education: A Bibliometric Analysis of Sustainable Development Perspectives [J]. Sustainability，2024，16（855）.

面具备较强的美学修养，使自己具备更高的市场价值。

终身学习体系的构建不仅是一个外部资源整合的过程，更需要主持人自身具备强烈的学习意愿和自主性。在高校、行业机构、在线教育平台的共同推动下，主持人可以通过持续学习提升专业能力，同时结合个人品牌建设，实现更广阔的职业发展空间。而在这个过程中，审美教育的介入变得至关重要，主持人需要系统学习美学理论、视觉设计、影像艺术、语言美学等课程，以确保自己在全媒体环境中具备足够的竞争力。①

未来，随着人工智能、虚拟现实等技术的发展，主持人的学习模式也将进一步升级，终身学习体系将成为他们职业成长的核心支撑。然而，面对 AI 在内容生成和语音合成方面的快速进步，主持人若想在竞争中保持优势，必须在美学素养和艺术表达能力上进行深度修炼。只有具备高度审美意识的主持人，才能超越标准化的 AI 表达，创造具有温度和独特性的内容。② 无论未来传媒行业如何发展，审美能力都将成为主持人职业规划的关键变量，决定他们在数字化浪潮中能否打造出不可替代的个人品牌。③

---

① 周宪.何为美育与美育为何 [J]. 文艺争鸣，2022（03）：90-97.

② 周畅.互联网时代美育教育面临的机遇与挑战：评《审美教育"以美育德"的机理研究》[J]. 科技管理研究，2022，42（17）：271.

③ 张玉能.实践转向与审美教育：创美美育与人的自由全面发展 [J]. 甘肃社会科学，2012（6）：40-44.

后 记

至此，《全媒体时代播音与主持艺术教育研究》终于完成。这本书从构思到落笔，历经了无数个日夜的沉思、推敲与完善，见证了我对全媒体环境下播音与主持艺术教育改革的深入思考，也承载了我对行业未来发展的热切期盼。

在书写的过程中，我不断思考，在数字化时代背景下，播音与主持艺术如何适应媒介融合的浪潮，如何在人工智能、新媒体运营、跨平台传播等领域找到自己的新定位。想要获得这些问题的答案并非一蹴而就，而是经过大量案例分析、文献研究、实践观察，最终凝结成书中的每一章节。但本书仍有诸多不足之处，望我未来的学术道路基于此书，继续深入研究，探索出更加全面和完善的结果。只愿此书能够为播音与主持艺术教育改革提供些许有价值的参考，同时，也为未来的主持人培养体系贡献一份微薄的力量。

在这段漫长的学术旅程中，我要特别感谢我的母亲韩女士。作为我的心灵导师，是她给予了我最初的语言启蒙，让我对声音、表达和沟通产生了浓厚的兴趣。她的悉心教诲不仅塑造了我的求知精神，更让我在面对困境时始终保持坚韧与专注。无论是在学术探索的路上，还是在生活的琐碎日常中，她始终是我最坚实的后盾。我深知，每一个写下的字句，每一次推翻重来的思考，都离不开她默默的支持与鼓励。这本书的完成，亦是对她多年来关爱与付出的最好回应。

此外，我要感谢所有给予我学术支持、提供行业见解的同行与朋友，感谢那些与我交流、讨论的师长，尤其感谢我的博士生导师Dr.Roselan Baki 教授和 Dr.Wei Huisuan 教授，还有许多未能一一提及却一直默默支持和陪伴我的人，是你们的智慧与热情，让这本书得以更加完善。我同样感谢播音与主持行业的每一位实践者，是你们的探索与突破，让这个行业始终充满活力，也让我在研究的过程中不断受到启发。

书籍终有完结，但对播音与主持艺术的探索不会止步。在未来的日子里，我期待看到这个行业继续蓬勃发展，也希望能够在不同的平台上，与志同道合的学者、教育者、从业者共同探讨，为培养新一代的主持人才贡献更多的思考。

谨以此书献给我的母亲，感谢她一直以来所给予我的——无所畏惧、坚不可摧的爱。

参考文献

一、中文文献

1. 张颂 . 中国播音学 [M]. 北京：中国传媒大学出版社，2013.

2. 王道俊 , 郭文安 . 教育学 [M]. 北京：人民教育出版社，2016.

3. 孙璐 . 媒介融合背景下主持人的角色重构与传播策略 [J]. 播音
与主持，2015.

4. 林小榆 . 融媒时代华语传播新趋势与记者型主持人的发展：
2013 首届华语主持传播高峰论坛暨融媒时代记者型主持人发展研讨
会综述 [C]. 北京：中国传媒大学，2013.

5. 王贞 . 融媒体时代电视节目主持人的角色定位 [J]. 传媒观察，
2021.

6. 朱晓彧 . 传统媒体主持人的短视频生产实践：以多模态话语
框架分析为路径 [J]. 现代传播，2022.

7. 郑甦 . 传统媒体主持人如何应对网络主播的挑战 [J]. 传媒观察，

2020.

8. 李丽 . 电视主持人的新传播新定位 [J]. 电视研究，2021.

9. 王丽 . 电视主持人转型路径探索与思考：基于对湖北广播电视台《喜子来了》栏目的调查 [J]. 传媒经济，2018.

10. 佳佳 . 新媒体环境下电视节目主持人的应对策略 [J]. 新闻前沿，2019.

11. 罗新河 . 解构、调整与升级：媒介融合语境下主持人角色研究 [J]. 新闻与传播，2020.

12. 李菲 . 全媒体时代广播主持人的身份转换 [J]. 传媒发展，2022.

13. 李琳 . 试论电视购物节目主持人的角色定位与职业前景 [J]. 广播电视研究，2017.

14. 隋鹏 . 消费维权类节目主持人的功能定位与素养 [J]. 消费者研究，2021.

15. 王贞 . 新时代播音员主持人的职业新定位与新使命 [J]. 传媒评论，2023.

16. 李泽华 . 以全新视角聚焦主持人的新未来：评《融媒体时代主持人的发展策略研究》[J]. 传媒观察，2022.

17. 郑玄 . 原生 IP 视角下传统主流媒体的内容创新研究：以央视频《央 young 之夏》为例 [J]. 传媒评论，2021.

18. 王文艳 . 论人工智能时代职业主持人的传播优势 [J]. 传媒前沿，2020.

19. 李郁 . AI 时代 CDIO 教育模式应用于播音主持人才培养的效果与改进策略 [J]. 教育研究，2023.

20. 赵然 . 新媒体时代电视节目主持人培养路径的优化 [J]. 中国新闻出版广电报，2020.

21. 李明 . 以精准服务为指向的博物馆观众大数据：内涵、价值与挑战 [J]. 现代传播，2021.

22. 王伟 . 观众需求研究：以 2017—2018 年贺岁档影片为例 [J]. 电影研究，2019.

23. 王文 . 传播行为经济研究何以可能：理论溯源、概念工具与研究范式 [J]. 新闻与传播研究，2021.

24. 赵欣 . 从传媒经济到平台经济：关注产业研究的创新前沿 [J]. 现代传播，2023.

25. 李宏伟 . 拟态环境真实化背景下的传媒经济研究：基于 2021—2023 年中国传媒经济学的文献分析 [J]. 传媒经济，2023.

26. 孙健 . 通用式媒介技术驱动下的传媒经济研究的现状与走势 [J]. 传媒发展，2022.

27. 徐凯 . 新媒体语境下传媒经济发展的新思维探究：评《智媒时代的传媒经济学》[J]. 传媒经济，2024.

28. 漆亚林，黄一清 . 主流媒体与数字平台一体化发展的型构图景与突破进路 [J]. 福建师范大学学报（哲学社会科学版），2024.

29. 刘晨 . 传播行为经济研究何以可能：理论溯源、概念工具与研究范式 [J]. 新闻传播研究，2023.

30. 李俊，王宁."产学研创"教育平台构建融媒体创作人才培养[J].传媒与教育，2023.

31. 赵华，孙涛.产学研合作背景下应用型人才培养研究[J].高等教育发展研究，2023.

32. 王成，叶伟.高等职业教育高质量发展指数的指标体系构建：基于70份政策文本的NVivo质性分析[J].教育政策研究，2023.

33. 赵彬，郑宇.教育强国背景下本科及以上职业教育发展逻辑、困境和路径[J].教育经济与管理，2024.

34. 刘涛，王晓东.美国STEM人才培养战略探析：基于美国国家科学基金会两份五年战略规划的分析[J].教育发展研究,2024.

35. 张伟，赵新宇."产学研创"教育平台构建：融媒体创作人才培养[J].传媒教育研究，2023.

36. 赵磊，孙媛.服务产业链为导向的应用型影视人才培养创新[J].影视艺术与教育，2023.

37. 李雪，周鹏.教育强国背景下本科及以上职业教育发展逻辑、困境和路径[J].职业教育改革，2024.

38. 周宪.何为美育与美育为何[J].美学研究，2005.

39. 周畅.互联网时代美育教育面临的机遇与挑战：评《审美教育"以美育德"的机理研究》[J].美育研究，2019.

40. 郝峰.教师专业发展中审美教育的逻辑与路径[J].教育理论与实践，2019.

41. 龙静云，崔晋文.审美教育的实质及其对大学生的教育价值

[J]. 学校党建与思想教育，2019.

42. 张玉能. 实践转向与审美教育：创美美育与人的自由全面发展 [J]. 甘肃社会科学，2012.

43. 崔保国，赵梅，丁迈. 中国传媒产业发展报告 [M]. 北京：社会科学文献出版社，2024.

44. 未来论坛. 人工智能伦理与治理 [M]. 北京：人民邮电出版社，2023.

45. 卡尔·伯格斯特姆，杰文·威斯特. 数据的假象 [M]. 中国台湾：天下杂志，2022.

46. 路小静，江翠平，姚永春. AI 驱动下的国际传播变革：新型主流媒体的应对与适应策略 [J]. 出版广角，2024.

47. 郭琳. "AI 主播"技术挑战下新闻主播传播角色重构与策略优化研究 [J]. 新闻爱好者，2019.

48. 褚建勋，胡德根，王晨阳. 自组织模式：AIGC 赋能下科学传播的未来转型 [J]. 全球传媒学刊，2024.

49. 宋伟锋. 生成式 AI 传播范式 :AI 生成内容版权风险与规制建构：以全球首例 AIGC 侵权案为缘由 [J]. 新闻界，2023

50. 龚潇潇，蒋雪涛，玉胜贤. AI 虚拟主播角色与产品类型对消费者购买意愿的交互影响研究 [J]. 管理学报，2024.

51. 高贵武，赵行. 进化与异化：AI 合成主播的言说困境 [J]. 新闻与传播评论，2023.

52. 郑子睿，孙昊. AI 主播的平台实践、技术演绎与伦理审视 [J].

中国广播电视学刊，2023.

53. 廖文瑞 . 数智时代虚拟数字人发展的理论映射与实践探索 [J].
中国新闻传播研究，2024.

54. 吴锋，刘昭希 . 人工智能主播历史沿革、应用现状及行业影
响 [J]. 西南民族大学学报（人文社会科学版），2021.

55. 郭全中，黄武锋 . AI 能力：虚拟主播的演进、关键与趋势 [J].
新闻爱好者，2022.

56. 张荻 . 论虚拟主播的发展演进、行业影响与应用路径 [J]. 中
国电视，2024.

57. 徐铭昊 . 智能化时代 AI 虚拟主播发展的挑战与出路 [J]. 传媒，
2023.

58. 季峰，赵腾飞 . 网络直播环境下电竞解说的语言问题及对策
分析：以《英雄联盟》解说为例 [J]. 电视研究，2019.

59. 李亚铭，段宇 . 电竞主播的角色重构与话语转型：基于沉浸
传播视域下的讨论 [J]. 青年记者，2019.

60. 胡天琪，梁萌 . 直播带货团队的劳动控制与权力结构 [J]. 中
国青年研究，2025.

61. 嘉世咨询 .2024 直播行业简析报告 [R].2024.

62. 孙苏川，关丽霞 . 广播电视人工智能应用白皮书 [R]. 国家广
播电视总局科技司，2019.

二、外文文献

1. SMITH J, Johnson L.Understanding Undergraduate Professional Education:Trends and Challenges [J]. Journal of Higher Education Research,2023.

2. SMITH A.Audience of the Composition Text [J]. Journal of Media Studies,2023.

3. WILLIAMS D.The Evolution of Broadcasting in the Digital Age [J]. Journal of Broadcasting & Electronic Media,2017.

4. CLARK P.The Role of Digital Media in Modern Journalism [J]. International Journal of Digital Media,2019.

5. LACHLAN K A, SPENCE P R, LIN X.Expressions of Risk Awareness and Concern Through Twitter: On the Utility of Using the Medium As an Indication of Audience Needs [J]. Computers in Human Behavior, 2014.

6. JONES M.Media Economy and Platform Evolution in the Digital Age [J]. International Journal of Media Economics,2023.

7. ROBERTSON T.The Impact of Digital Economy on Broadcasting Industry[J].Broadcasting & Digital Media Review,2022.

8. BHARGAVA V R, VELASQUEZ M.Ethics of the Attention Economy:The Problem of Social Media Addiction [J]. Business Ethics Quarterly,2021.

9. RACHMAD Y E.Social Media Impact Theory [M]. Port Elizabeth Bay Book Publishing, 2023.

10. LU A.Construction and Reflection on College Students' Aesthetic Education Based on Cultural Confidence [J]. Transactions on Social Science,Education and Humanities Research,2024.

11. GASKILL N.Aesthetic Education between Judgment and Experience:Dewey in the Radical Aesthetic [J]. Critical Inquiry,2024.

12. TAO Y.Integrating Aesthetic Education in Quality Education:A Bibliometric Analysis of Sustainable Development Perspectives [J]. Sustainability,2024.

13. BROWN C, Miller T.Ethics of the Attention Economy:The Problem of Social Media Addiction [J]. Journal of Digital Ethics,2022.